Aktien für Einsteiger

Der große Investment-Ratgeber - Wie Sie von Trends profitieren, passives Einkommen generieren und maximale Rendite bei konservativem Anlagestil erzielen inkl. ETFs und Krypto

Michael Blumenthal

ISBN – 9798528880990

Inhaltsverzeichnis

QR CODE SCANNEN UND HÖRBUCH GRATIS ERHALTEN!

Lieber Leserinnen und Leser,

wir freuen uns, dass Sie sich für unser Buch entschieden haben. Als Dankeschön haben wir gemeinsam mit Audible ein Geschenk für Sie ausgearbeitet und können Ihnen unser Buch auch als kostenfreies Hörbuch anbieten. Halten Sie Ihre Handykamera einfach auf den QR Code und kommen Sie so zu dem Gratis-Download:

QR Code mit Handykamera scannen

*Nur für Audible Neukunden gültig.

Hatten Sie in letzter Zeit das Gefühl, dass Sie Ihr Kapital vergeuden?

Das haben Sie vielleicht anteilig - jedoch aus mehr Gründen, als Sie annehmen. Oft sind nicht Ihre Ausgaben das Problem. Im Gegenteil, es ist eher die Tatsache, dass Sie Ihr Kapital auf der Bank lassen. Denn auf einem gewöhnlichen Konto oder Sparbuch bringt es kaum Zinsen - und durch die Inflation wird es immer weniger wert.

Wer viel Zeit mit Devisen verbringt, sollte sich auch die Zeit nehmen, über die Vermehrung seiner Devisen nachzudenken - und sich nicht von sperrigen Begriffen wie „Hedgefonds" oder „Performance-Rendite" abschrecken lassen. Mit diesem Ratgeber möchten wir Sie dabei unterstützen, den richtigen Einstieg zu finden. Wir erklären Ihnen, wie Sie in Aktien, Anleihen, Fonds oder ETFs investieren können, und geben Ihnen die richtige Strategie an die Hand.

Aktien sind zu jeder Zeit eine gute Gelegenheit

Sie müssen nur wissen, wie viel Risiko Sie eingehen wollen. Jetzt haben Sie einen ersten Einblick in den Aktienmarkt. Es bleibt die Frage, warum Sie Aktien kaufen sollten. Sollten Sie nicht lieber wie die sprichwörtliche schwäbische Hausfrau auf Ihre Devisen aufpassen, anstatt wild an der Börse zu spekulieren? Die Frage lässt sich schnell beantworten: Wenn Sie ein Vermögen aufbauen wollen, statt Devisen zu verlieren, dann führt kein Weg am Wertpapierhandel vorbei. Wie wir alle wissen, geht es bei der Haushaltsführung nicht nur ums Sparen, sondern auch um den Werterhalt und die Wertsteigerung des Geldes.

Im Moment herrscht eine Niedrigzinspolitik. Anlagen bei Banken, wie das unterbrechungsfreie Tagesgeld, aber ebenso Anlagen mit fester Laufzeit, haben überwiegend weniger als 1% Rendite. Die Dividende, d.h. die Gewinnbeteiligung, die viele Aktien abwerfen, wird auf diese Weise zum Zinsersatz: Da man über Aktien an der Firma beteiligt ist, erhält man einen Teil des Gewinns. Sowohl im DAX als auch im MDAX gibt es einige Unternehmen - z.B. die Allianz - die 4 oder 5% des Wertes der Aktie als Rendite auszahlen.

Aktien sind also eine gute Möglichkeit, für das Alter vorzusorgen und der Inflation zu trotzen. In diesem Zusammenhang ist es nie zu früh, jedoch keinesfalls zu spät, damit anzufangen! Ohne ein gewisses Grundwissen wird das Investieren in Aktien jedoch meist nicht erfolgreich sein.

Zuallererst: Berücksichtigen Sie bei jeder Investition Ihre eigene finanzielle Situation. Es ist ein riesiger Unterschied, ob Sie ein milliardenschwerer Investor wie Warren Buffett sind und bei einer riskanten Anlage eine große Summe verlieren können, ohne vor dem Ruin zu stehen - oder ob Sie nur einen kleinen Betrag zur Verfügung haben.

Ansonsten gilt vor allem eine Regel: Es gibt nicht den einen richtigen Weg, sondern nur den richtigen Weg für Ihren Typ. Risikofreudig, risikoscheu oder irgendetwas dazwischen - es gibt für jeden eine Art von Wertpapier, von Aktien über Anleihen bis hin zu Indexfonds. Jedes Finanzinstrument hat seine Daseinsberechtigung, basierend auf diesen unterschiedlichen Investitionsanforderungen.

Wie findet man die richtige Aktie, das richtige Finanzinstrument?

Was sind die Kriterien für die Auswahl von Aktien und wie findet man die Unternehmen, in die man seine Devisen investieren kann? Nun, die richtige Aktie finden Sie mit einer Qualitätsanalyse auf Basis von Zahlen und Trends.

Der faire Wert der Aktien eines Unternehmens ist ein fundamentaler Indikator. Er gibt an, wo die Analysten den Aktienkurs in 6 bis 12 Monaten sehen. Um diesen Wert abzuwägen bzw. einschätzen zu können, müssen Sie in der Regel drei Dinge beachten: erstens die Vergangenheit, zweitens die aktuelle Situation am Markt und drittens die

Zukunftsaussichten des Unternehmens. Bei all dem helfen Ihnen ausgewählte Kennzahlen.

Besonders grundlegend ist das Kurs-Gewinn-Verhältnis, kurz KGV. Es errechnet sich, indem der aktuelle Börsenkurs durch den erwarteten Gewinn pro Aktie im folgenden Börsenjahr geteilt wird. Bei einem Kurs von 20 € und einem Gewinn von 4 € pro Aktie beträgt das KGV 5. Damit lassen sich die Akten konkurrierender Unternehmen vergleichen: Je niedriger das KGV, desto attraktiver erscheint die Aktie im Vergleich.

Dennoch sollten Sie sich nicht allein auf das KGV verlassen. Ein Problem ist z.B., dass die Rendite von anno dazumal nur annähernd bekannt ist. Daher ist nur das KGV, das auf dem Gewinn vergangener Geschäftsperioden basiert, wirklich zuverlässig. Diese Zahl ist jedoch keine Garantie für Klasse. Ein elementares Auswahlkriterium ist auch die Kursentwicklung eines Unternehmens über fünf oder zehn Jahre. Ist der Trend hier abwärts gerichtet, spricht dies nicht für ein gutes KGV. In Kapitel 4 gibt es weitere Ausführungen zu dieser wichtigen Kennzahl.

Sie sollten auch auf das Zusammenspiel von Eigen- und Fremdkapital eines Unternehmens achten. Stellen Sie beispielsweise fest, dass die Verschuldung eines Unternehmens trotz einer Neuinvestition weiterhin 90 % beträgt, dann kommt, was kommen mag: Hände weg.

Bei der Beurteilung der Qualität kommt es aber nicht nur auf die Zahlen an. Es kommt auch auf den Kontext an. Ein wichtiger Faktor bei der Qualitätsanalyse ist die Branche, in der ein Unternehmen tätig ist. Wenn Sie nur auf das KGV schauen würden, hätten Sie wahrscheinlich hauptsächlich Automarken in Ihrem Portfolio. Wenn Sie aber langfristig investieren wollen, müssen Sie herausfinden, wo die Zukunftsmärkte liegen.

Darüber hinaus sollten Sie sich Fragen wie diese stellen:

- Wie ist die politische Situation im Land des Unternehmens?
- Welche globalen politischen Entwicklungen könnten das Handeln des Unternehmens beeinflussen?
- Wer ist der Manager des Unternehmens?

Je mehr Kontext Sie neben den Kennzahlen eines Unternehmens haben, desto besser können Sie die Vorzüge der Aktie abwägen.

In der Hoch-Tief-Mut-Strategie finden Sie den richtigen Ansatz zum Aktienkauf

Jetzt ist es an der Zeit, zum Kern dieses Börsenratgebers zu kommen: die richtige Strategie. Eine von Beate Sanders' gebündelten Strategien zum Aktienkauf, die sich immer wieder bewährt hat, ist die High-Low-Courage-Strategie. Was verbirgt sich hinter dem eigentümlichen Namen?

Die Strategie lässt sich in zwei Schritte unterteilen: Erstens sollten Sie mutig sein und eine Aktie kaufen, wenn sie niedrig ist oder abgestürzt ist. Zweitens sollten Sie sich trauen, eine Aktie, die gestiegen ist, nicht komplett zu verkaufen, sondern nur einen Teil davon, um mit dem Erlös neue Aktien zu niedrigen Kursen zu kaufen. Gerade nach einem Crash sind Unternehmen oft zu negativ bewertet.

Nach dem Kauf warten Sie ab. Wenn sich die Aktie als Hit erwiesen hat, können Sie einen weiteren Teil Ihrer Aktien verkaufen und in andere, noch günstig bewertete Unternehmen anlegen. Auf diese Weise investieren Sie, ohne einen Euro an neuen Devisen zu nehmen. Diese Strategie eignet sich für Leute, die langfristig gestalten wollen, da Sie auf diese Weise immer einige Werte in Ihrem Portfolio haben.

Trotzdem sollten Sie nicht zu risikofreudig sein. Sie sollten nicht weniger als 1.000 € in die Aktien eines Unternehmens investieren, nur weil die Transaktionskosten sonst zu hoch wären.

Außerdem gilt bei der Verwendung der Grundsatz: Breit gestreut, auf keinen Fall bereut! Je breiter Sie Ihre Investitionen streuen, d.h. je mehr Bereiche und Branchen Sie einbeziehen, desto geringer wird das Risiko sein. Je länger Sie in der Zwischenzeit dabei sind, desto weiter können Sie Ihr Portfolio ausbauen, weil Sie kontinuierlich einzelne Bestandteile Ihrer laufenden Aktien verkaufen.

Es ist daher eine gute Strategie, von Zeit zu Zeit einen Teil der Aktien zu verkaufen, die sich außergewöhnlich gut entwickelt haben. Investieren Sie in andere Unternehmen, die noch günstig bewertet sind. Woran können Sie jedoch erkennen, dass ein Unternehmen Potenzial hat und kein finanzielles Eigentor ist? Die Antwort liegt in der Dividende.

Nicht nur der Preis einer Aktie, sondern auch die Dividende ist entscheidend

Im Allgemeinen können Sie mit Aktien auf zwei Arten Kapital verdienen: Erstens, indem Sie den Preis Ihrer Aktie erhöhen. Und zweitens mit der – oft vernachlässigten - Dividende, d.h. einer Beteiligung am Gewinn eines Unternehmens.

In den guten Börsenjahren schaut jeder ständig nur auf die Kursgewinne. Sie können jedoch nicht immer die gleichen starken Jahre erwarten. In vielerlei Hinsicht sind Dividenden sicherer. Denn Sie bekommen die gleiche Gewinnbeteiligung unabhängig von der Kursentwicklung gezahlt. Das heißt, bei einer ausreichend hohen Dividende lohnt sich die Aktienanlage auch dann noch, wenn der Kurs einer Firma gleichbleibt oder teilweise fällt.

Hier ist eine unkomplizierte Beispielrechnung: Wenn Sie sich gemäß der Hoch-Tief-Mut-Strategie im Crash-Jahr 2008 Bayer-Aktien zum Tiefststand von rund 10 € ins Depot gelegt haben, konnten Sie sich im Jahr 2018 auf eine Ausschüttung von bis zu einem Drittel freuen, da die Dividende innerhalb eines Jahrzehnts von 80 Cent auf 3 € gestiegen ist.

Als Faustregel gilt, dass eine Dividende ab 3% schwindelerregend ist. Hinzu kommt, dass viele Unternehmen ihre Dividende immer mehr anheben. Im Jahr 2018 hat z.B. kein einziges DAX-Unternehmen seine Dividende gekürzt. Im selben Jahr schütteten die 30 DAX-Unternehmen vorbildliche 35 Mrd. € an Dividenden an ihre

Aktionäre aus, 4 Mrd. € mehr als im Jahr 2017. Doch nicht nur die DAX-Unternehmen sind interessant. Auch die mittelgroßen Unternehmen im MDAX sind einen Blick wert. Auch der SDAX ist generell dividendenstark.

Dividendenausschüttungen sind vorteilhaft. Sie erhalten die Dividende, vermindert um die normale Abgeltungssteuer von 25% und den Solidaritätszuschlag, nach der Hauptversammlung der Gesellschaft auf Ihr Depot gutgeschrieben. Sie müssen nichts weiter tun, als die Aktien am Stichtag der Hauptversammlung in Ihrem Depot zu haben.

In Zeiten niedriger Guthabenzinsen ist die Gewinnbeteiligung eine Art Ersatzzins; sie ermöglicht kontinuierliche Erträge aus Aktien, ohne dass Sie dafür Wertpapiere verkaufen müssen. Vor allem Menschen, die durch Inflation und kaum vorhandene Kontozinsen in Bedrängnis geraten sind, kommen hier auf ihre Kosten.

Investieren mit Indexfonds und ETFs

Jetzt werden Sie vielleicht denken:

- Mit Aktien will ich mich doch gar nicht beschäftigen
- Ich will meine Devisen ausschließlich mühelos erhalten
- Ich möchte dennoch gewinnbringend anlegen

Wer wenig Interesse hat, sich mit den Märkten zu beschäftigen oder sich zu unsicher fühlt, um mit der Hoch-Tief-Mut-Strategie Aktien zu kaufen, für den könnten Fonds das Richtige sein.

Es gibt Indexfonds, Aktienfonds, Mischfonds oder Hedgefonds. Je nachdem, wie viel Geld Sie haben und wie viel Risiko Sie bereit sind einzugehen, ist jede dieser Arten von Fonds faszinierend. Wenn Sie risikoscheu sind, könnte ein sogenannter ETF Ihr Fonds sein. ETF steht für Exchange-Traded Fund und gehört zu den Indexfonds. Ein ETF bildet einen Index nach, z.B. den DAX oder den Dow Jones. Es gibt aber auch ETFs, die die Aktien einzelner Branchen abbilden, z.B. ein ETF für erneuerbare Energien.

Wenn Sie in einen ETF investieren, werden Ihre Devisen, zusammen mit den Devisen anderer Fondsanleger, an einem Ort und auf alle Unternehmen des jeweiligen Index verteilt. Mit einem globalen ETF investieren Sie also in die Aktien aller wichtigen Unternehmen der Welt. In diesem Zusammenhang: Steigt der Index, steigt der ETF im gleichen Maße - und umgekehrt.

Irrationales menschliches Handeln, übereilte Käufe und Verkäufe, all das spielt keine Rolle. Daraus resultieren auch niedrigere Gebühren. Denn im Gegensatz zu traditionellen Investmentfonds fallen keine Kosten für aktives Portfoliomanagement an. ETFs werden daher auch als passive Fonds bezeichnet.

Bei solchen passiven Indexfonds besteht jedoch nicht die Möglichkeit, Höchststände für Teilverkäufe zu nutzen und nach Kursrückgängen übermäßig unterbewertete Aktien nachzukaufen. Wenn Sie Ihre Devisen in aktiv gemanagte Mischfonds investieren, ist dies denkbar. Bei Mischfonds investieren Sie multinational in Aktien, Staatsanleihen, Unternehmensanleihen, jedoch ebenso in

Währungen oder Gold. Der Nachteil hierbei sind die Gebühren von bis zu 5%, die dem Manager, der den Fonds betreibt, in Rechnung gestellt werden.

Hedge-Fonds sind nur für Leute geeignet, die keine Angst vor hohem Risiko haben, da es hier oft mehr um Wetten, als um Investitionen geht. Sie wetten zum Beispiel darauf, dass Aktienkurse fallen oder steigen, dass Unternehmen übernommen werden oder fusionieren. Eine fundierte Strategie wird hier durch die Hilfe der Hoffnung auf einen Glückstreffer ersetzt.

Auf diese Weise ist ein Hedge-Fonds so ziemlich das genaue Gegenteil eines ETFs. Hedge-Fonds-Manager brüsten sich mit ihrem Fachwissen, das jedoch für Laien oft nicht überprüfbar ist. Entscheidungen sind oft von Gier getrieben und nicht rational oder strategisch begründet. Darüber hinaus verlangen Hedge-Fonds-Manager oft Gewinnbeteiligungen von 20% zusätzlich zu den hohen Management-Gebühren.

Angesichts der aktuellen Niedrigzinsen und unsicheren Renten entscheiden sich immer mehr Menschen für eine private Geldanlage. Da jedoch oft das nötige Wissen fehlt, lassen sich viele von den Gewinnversprechen der Finanzberater blenden und zu einer Investition in aktiv gemanagte Fonds überreden.

Dieser Ratgeber zeigt Ihnen auf klare und verständliche Weise, dass der Wertpapierhandel gar nicht so kompliziert sein muss und dass Sie mit ein paar einfachen Regeln Ihr Geld sicher und nachhaltig anlegen können.

Aktive Anlagestrategien sind selten wirklich profitabel und die wenigen Ausnahmen lassen sich nicht vorhersagen

Viele Privatanleger wissen wenig über die teilweise komplexen Vorgänge an den Kapitalmärkten und lassen sich von Branchenberatern zu Investitionen in vermeintlich „attraktive" Finanzanlagen überreden. Tatsächlich ist diese Taktik des aktiven Investierens und Spekulierens aber nicht die optimale Lösung.

Aktive Anlagestrategien sind Versuche, den Markt durch kühle Berechnung zu schlagen. Mit anderen Worten: Ein Fondsmanager soll nur bestimmte aussichtsreiche Aktien in seinen Fonds aufnehmen und damit eine Rendite erzielen, die höher ist als die durchschnittliche Rendite anderer Anleger am Kapitalmarkt.

Die durchschnittliche Rendite an einem Markt wird durch einen Vergleichsindex, auch Benchmark genannt, ausgedrückt. Der DAX (Deutscher Aktienindex) ist zum Beispiel eine solche Benchmark. Die Aufgabe des Fondsmanagers wäre es also, nur die Aktien von sehr profitablen Unternehmen zu kaufen, damit die Rendite seines Fonds über der durchschnittlichen Rendite des DAX liegt.

In der Realität gewinnen aktiv gemanagte Fonds jedoch selten das Rennen um die beste Rendite. Immer wieder zeigen Studien, dass aktive Anlagestrategien im Vergleich zu den konservativeren Benchmarks den Kürzeren ziehen. So zeigte ein Bericht der Rating-Agentur Standard & Poors

Ende 2014, dass 72% der deutschen Aktienfonds schlechter abschneiden als ihr Vergleichsindex. Je nach Studie und betrachtetem Markt liegt dieser Prozentsatz sogar zwischen 50% und 99%.

Kontinuierliche Analysen des Marktes zeigen auch, dass die Outperformer - also die Fondsmanager, die den Markt tatsächlich „schlagen" - von Periode zu Periode völlig unvorhersehbar variieren. Für den Anleger bedeutet dies, dass die Aktie, die gerade erfolgreich war, mit hoher Wahrscheinlichkeit in der nächsten Anlagerunde nicht zu den Gewinnern gehören wird. Nichtsdestotrotz überzeugen Finanzberater und Medien Privatanleger weiterhin von den Vorzügen aktiver Anlagestrategien.

Obwohl es also konkrete empirische Belege für die Überlegenheit von Vergleichsindizes oder Benchmarks gibt, investiert die Mehrheit der Privatanleger weiterhin in aktiv verwaltete Finanzprodukte. Daran sind die Finanzindustrie und die Medien schuld.

Ein Interessenkonflikt veranlasst Finanzberater dazu, die profitableren Indexprodukte weniger aggressiv zu bewerben. Die Finanzindustrie verdient ihr Geld mit aktiven Fonds, indem sie für den strategischen Kauf von Wertpapieren bezahlt. Im Gegensatz dazu ist mit der Werbung für Indexprodukte kein Geld zu verdienen, da sie keine Verwaltungskosten haben. Die Wertpapiere in einem Indexfonds bilden immer den Vergleichsindex ab und werden auch in diesem Verhältnis gekauft. Eine spezielle „Kaufstrategie", die sich Finanzberater teuer bezahlen lassen, ist nicht einmal notwendig.

Würde der Dax beispielsweise aus drei gleich großen Unternehmen bestehen, würde ein Indexprodukt von jedem Unternehmen Aktien in gleicher Höhe kaufen, während ein aktiver Fonds die Aktien strategisch gewichten würde. Da Indexprodukte keine Provisionen verdienen, ermutigen Finanzberater ihre Kunden, stattdessen eigene Finanzprodukte zu kaufen. Auch die Medien leiden unter einem Interessenkonflikt und verschweigen absichtlich Informationen über die besten Anlageprodukte.

Wirtschaftsmagazine versuchen, ihre Verkaufszahlen zu steigern, indem sie ihre Exemplare mit Anlagetipps und Marktanalysen in einer fast schon pfiffigen Art und Weise spicken. Reißerische Titel wie „Drei Wege, Ihr Geld zu verdoppeln" haben Kritiker dazu veranlasst, den Begriff „Investment-Pornografie" zu prägen. Da den Magazinen bei der Bewerbung von Indexprodukten schnell die Themen ausgehen würden, ermutigen sie ihre Leser lieber zu kurzfristigen und gewagten Entscheidungen.

Da Privatanleger in der Regel über wenig Know-how verfügen und sich angesichts des Überangebots an Anlageprodukten ohnehin schnell überfordert fühlen, führt dies oft zur Wahl des objektiv schlechteren Produkts. Der durchschnittliche Kunde ist dem Bankberater buchstäblich auf Gedeih und Verderb ausgeliefert. Finanzberater und Medien sind daher in der Regel nicht daran interessiert, dem Privatanleger das optimale Anlageprodukt zu verkaufen, sondern fördern bewusst aktive Anlagestrategien.

Mithilfe der Markteffizienztheorie können Sie als Privatanleger den Anlagemarkt besser verstehen

Wie können Sie sich als Privatanleger vor den falschen Versprechungen von Finanzberatern schützen und unnötige Anlagefehler vermeiden? Ein erster Schritt wäre, wenn Sie besser verstehen, wie die Kapitalmärkte funktionieren.

Die Theorie der Markteffizienz besagt, dass der Preis eines Wertpapiers alle öffentlich verfügbaren Informationen berücksichtigt. Ökonomen bezeichnen diese Echtzeit-Reflexion des Marktpreises als die Informationseffizienz der Kapitalmärkte. Konkret bedeutet dies, dass jede veröffentlichte Information einen direkten Einfluss auf den Kurs eines betroffenen Wertpapiers hat.

Veröffentlicht z.B. ein DAX-Unternehmen schlechte Prognosen für die Entwicklung des eigenen Kerngeschäfts, wollen Anleger aus Angst vor einem Wertverlust ihrer Investition Aktien verkaufen - und der Kurs der Aktie fällt.

Aktive Anlagestrategien behaupten, dass die Informationseffizienz lückenhaft ist und versuchen, durch antizyklisches Kalkül einen Schritt voraus zu sein. Vorübergehend unterbewertete Anlagen sollen billig gekauft und dann zu einem hohen Preis wieder verkauft werden, wenn der Markt den Preis nach oben korrigiert hat. In der Theorie bringt dies die ersehnten Gewinne, in der Praxis sind unterbewertete Aktien jedoch extrem schwer zu finden.

Die Random-Walk-Theorie oder Theorie der symmetrischen Abweichung erklärt technische Prognosen für unmöglich. Aktienhändler wollen ihre spekulativen Prognosen für die Entwicklung von Aktienkursen oft auf technische Analysen stützen. Die Random-Walk-Theorie besagt jedoch, dass die Kurse so sehr von den aktuellen Tagesereignissen beeinflusst werden, dass die Auswertung vergangener Entwicklungen niemals verlässliche Vorhersagen liefern kann.

Die Markteffizienztheorie zeigt, dass die Informationseffizienz der Aktienmärkte in der Regel für eine hohe Transparenz sorgt, aktive Anlagestrategien selten erfolgreich sind und ihre technischen Analysen wissenschaftlich nicht nachvollziehbar sind.

Wertpapiere funktionieren im Wesentlichen durch das Zusammenspiel von Rendite und Risiko

Als Privatanleger müssen Sie vor allem die Faktoren Rendite und Risiko berücksichtigen. Doch während die Rendite greifbar ist und bei den meisten Anlagen sogar mit konkreten Prozentwerten beziffert wird, ist das Risiko viel schwieriger abzuschätzen. Dennoch sind die beiden untrennbar miteinander verbunden.

Eine hohe Rendite ist die Belohnung für ein hohes Risiko. Entgegen der Wahrnehmung vieler Anleger ist die Rendite nicht die Folge von hohem Wachstum und steigenden Kursen, sondern so etwas wie eine Belohnung für die Risikobereitschaft des Anlegers.

Während z.B. deutsche Staatsanleihen sehr sicher sind, jedoch auch sehr niedrige Zinsen bieten, wird das vergleichsweise höhere Risiko einer Investition z.B. in Schwellenländeraktien meist mit einer hohen Rendite belohnt. Sie sollten also misstrauisch sein, wenn jemand versucht, Ihnen Anlagen mit einer hohen Rendite und gleichzeitig geringem Risiko zu verkaufen.

Das Abhängigkeitsverhältnis zwischen Rendite und Risiko wird auch durch die Theorie der Markteffizienz gestützt, da der Echtzeitspiegel auch das Risiko widerspiegelt, dass sich die Preise am Markt verschlechtern: Ungünstige Umstände wie eine schrumpfende Branche, herbe Verluste oder stagnierende Geschäfte werden früher oder später publik gemacht und fließen quasi automatisch in die Kurse ein.

Wenn der Aktienkurs eines Unternehmens bereits im Keller ist, bedeutet dies jedoch nicht, dass die Aktie mit einem hohen Risiko behaftet ist und unerwartet weiter an Wert verlieren wird. Der Abschwung spiegelt sich – im Gegenteil - bereits in den Aktienkursen wider, das Risiko bleibt gleich und es ist statistisch sogar wahrscheinlicher, dass sich das Unternehmen von nun an erholt und andere, derzeit „gesunde“ Aktien sich verschlechtern.

Als Privatanleger brauchen Sie also das Wort Risiko nicht zu scheuen. Machen Sie sich klar, dass saftige Renditen nur mit großem Risiko zu erzielen sind und überlegen Sie selbst, wie viel Risiko Sie eingehen wollen.

Indexing basiert auf vier wissenschaftlichen Prinzipien und schlägt damit jede andere Anlagestrategie

In den 1970er Jahren wurde die Informationseffizienz der Märkte zur Modernen Portfolio-Theorie (MPT) weiterentwickelt. Sie bildet die Grundlage für die vier Prinzipien des Indexing, der Anlage in Indexfonds.

Prinzip 1: Indexfonds basieren auf passivem Investieren

Passives Investieren bedeutet, auf den aktiven und spekulativen Kauf und Verkauf von Wertpapieren zu verzichten und stattdessen Aktien in der gleichen Menge zu kaufen, wie sie aktuell in einem Aktienindex vertreten sind. Das Ziel der Indexierung ist es, in verschiedene Indexfonds zu investieren und so im Optimalfall möglichst viele Anlageklassen abzudecken. Anlageklassen fassen Finanzprodukte zu Gruppen mit ähnlichen finanziellen Eigenschaften zusammen, z.B. Rohstoffe. Wenn Sie diese Indexfonds dann im Sinne des Buy-and-Hold langfristig halten, sorgen Sie für eine kontinuierliche Rendite bei geringem Risiko.

Es gibt zwei Arten von Indexfonds: klassische Indexfonds und börsengehandelte Fonds (ETFs). Klassische Indexfonds werden von einer Fondsgesellschaft aufgelegt und in der Regel nicht über die Börse, sondern über Banken an Investoren verkauft. Ihr Preis wird einmal am Tag festgelegt. ETFs hingegen sind börsengehandelte Indexfonds und machen mit einer Palette von über 1.000 Produkten ganze 90% des Gesamtvolumens der Indexfonds in Deutschland aus. Ihr Preis wird minütlich an der Börse ermittelt.

Eines der Kernprinzipien ist daher das Investieren mithilfe von passiven Indexfonds. Indexfonds bilden eine komplette Anlageklasse oder einen Vergleichsindex nach und sind daher eine gute Basis für eine breit gestreute Ansammlung von Vermögenswerten, auch Portfolio genannt.

Die Buy-and-Hold-Strategie profitiert von Steuervorteilen und langfristigen Gewinnen. Immer wieder lassen sich Privatanleger von der Panikmache der Medien einschüchtern und verkaufen ihre Wertpapiere aus Angst vor Verlusten völlig überstürzt. Die Wissenschaft widmet dieser menschlichen Dynamik sogar ein eigenes Teilgebiet in Form der Finanzmarkttheorie. Mithilfe der Grundprinzipien der Indexierung können Sie in solchen Momenten einen kühlen Kopf bewahren.

Prinzip 2: Bei der Buy-and-Hold-Strategie geht es darum, Ihre Aktien so lange wie möglich zu halten

Das bedeutet, dass Sie den Verlockungen des Gewinns aus kurzfristigen Marktaufschwüngen und Kursspitzen konsequent widerstehen müssen. Dieses sogenannte „Performance Chasing“ führt in der Regel zu hohen Verlusten, da Sie Ihre Aktien bei spontanen Verkäufen unvorhersehbaren Marktschwankungen aussetzen und durch die vielen Transaktionskosten zusätzlich Ihre Rendite schmälern.

Bei der Indexierung lassen Sie Ihr Vermögen idealerweise für mindestens vier bis fünf Jahre unangetastet. Das mag zunächst kontraintuitiv erscheinen, erlaubt es Ihrem Geld jedoch, in Ruhe Rendite zu erwirtschaften, spart Ihnen Transaktionskosten und lässt Ihr Geld stetig mit den Unternehmen an den Märkten wachsen. Die Investment-Legende Warren Buffet ist zum Beispiel ein bekennender Buy-and-Hold-Investor. Der laut Forbes drittreichste Mann der Welt lässt seine Aktien im Durchschnitt 20 Jahre lang halten.

Das lange Halten der Aktien führt auch zu einem unschlagbaren Steuervorteil. Die sogenannte Abgeltungssteuer auf Kapitalerträge wird in Deutschland erst fällig, wenn der Gewinn realisiert wird, d.h. wenn die Aktien verkauft werden. Wenn Sie Ihre Aktien im Sinne der Indexierung lange halten, wird Ihr Geld nur einmal versteuert, wenn Sie die Wertpapiere verkaufen. Der

Vorteil, dass Ihre Gewinne während des Anlagezeitraums praktisch unversteuert steigen können, wird auch Zinseszinseffekt genannt.

Investiert ein Anleger beispielsweise 100 Euro, so hat er bei einem passiven Buy-and-Hold nach 40 Jahren und nach Steuern ein Vermögen von 1.604 Euro erwirtschaftet. Investiert er dagegen aktiv und realisiert seine Gewinne einmal im Jahr, so wird er trotz gleicher Bedingungen in Bezug auf Zinsen, Steuersatz und Rendite nur 1.076 Euro haben.

Die Buy-and-Hold-Strategie ist also nicht nur einfacher, sondern auch erfolgreicher. Nur eine systematische Diversifikation schützt vor ungewollten Überraschungen.

Obwohl jeder Privatanleger schon einmal etwas von Risikostreuung oder Diversifikation gehört hat, zeigt die Praxis, dass nur die wenigsten ihr Anlagerisiko wirklich minimieren. Die meisten diversifizieren zu wenig und konzentrieren sich z.B. zu stark auf deutsche oder europäische Aktien.

Prinzip 3: Optimale Diversifikation reduziert Renditeschwankungen, indem das Anlagerisiko auf möglichst viele unabhängige Einzelrisiken verteilt wird

Stellen Sie sich vor, Sie wollen in maximal zwei verschiedene Unternehmen investieren: Das eine produziert Badehosen, das andere Regenschirme. Diese Anlagestrategie wäre hinreichend diversifiziert, da das

Geschäft beider Unternehmen mit dem Faktor -1 korreliert, d.h. es besteht sogar ein negativer reziproker Zusammenhang. In warmen Perioden sorgt die starke Nachfrage nach Badehosen für Gewinne, während in der kalten und regnerischen Restzeit des Jahres die Regenschirme stark nachgefragt sind.

Würden Sie hingegen in Badehosen und Eiscreme investieren, wäre das Risiko hoch, dass Sie bei schlechtem Wetter viel Geld verdienen. Die Geschäfte der beiden Unternehmen würden einfach zu stark korrelieren.

Bei der Indexierung minimieren Sie das Gesamtrisiko Ihres Portfolios durch systematische Diversifikation. Während sich die Gesamtrendite Ihrer Anlagen aus der durchschnittlichen Rendite der einzelnen Wertpapiere errechnet, sinkt das Risiko mit jedem weiteren Unternehmen, in das Sie investieren. Genau aus diesem Grund lohnt es sich zum Beispiel, in die oft gefürchteten Schwellenländer zu investieren. Deren Erträge korrelieren weniger mit denen von traditionellen europäischen Wertpapieren, sodass Sie das Gesamtrisiko Ihres Portfolios reduzieren und gleichzeitig Ihre Gesamtrendite durch höhere Einzelrenditen steigern.

Merken Sie sich: Im Gegensatz zum aktiven Fondsmanagement werden beim passiven Investieren Kosten reduziert.

Bei der Ausgabe von Wertpapieren fallen sogenannte Transaktionskosten an, die sich in einmalige und laufende Kosten aufteilen. Das Ziel einer jeden Investition ist es natürlich, diese Kosten so gering wie möglich zu halten, um die Rendite nicht zu schmälern.

Prinzip 4: Im Gegensatz zum aktiven Fondsmanagement geht es beim passiven Investieren um radikale Kostenminimierung

Vor allem die einmaligen Kosten sind beim passiven Investieren deutlich geringer als bei aktiven Anlagestrategien. Bei aktiv verwalteten Fonds wird zum Zeitpunkt des Kaufs ein Ausgabeaufschlag von 2-5% erhoben, der in der Regel die Managementkosten des Fondserstellers decken soll.

Anstelle eines solchen Aufschlags wird beim Kauf von passiven Fonds eine „Geld-Brief-Spanne"-Gebühr fällig. Diese spiegelt die Diskrepanz zwischen dem Geldkurs, zu dem Investoren ein bestimmtes Finanzprodukt kaufen, und dem Briefkurs, zu dem die Inhaber dieses Produkts ihre Anteile verkaufen, wider. Die Geld-Brief-Spanne ist mit 0,1-1% deutlich niedriger als der Ausgabeaufschlag bei aktiven Anlagen.

Auch die laufenden Kosten sind bei der Indexierung deutlich geringer als beim aktiven Fondsmanagement. Während also die laufenden Depotkosten bei aktiven und passiven Fonds gleich sind, machen sich die Kosten für Verwaltung und Wertpapierhandel bei aktiven Fonds deutlich stärker bemerkbar. Darüber hinaus können für die aktive Verwaltung der Anlagen erfolgsabhängige Provisionen anfallen.

Stellen Sie sich vor, dass Sie 10.000 Euro für 30 Jahre anlegen. Der aktiv verwaltete Fonds A hat jährliche laufende Kosten von 3%, während der Indexfonds B nur etwa 0,3% hat. Während Anlage A am Ende von 30 Jahren einen Endwert von 76.100 Euro hat, hat Anlage B stolze 160.800 Euro. Aktives Anlagemanagement ist also nicht nur langfristig weniger erfolgreich als passives Investieren, die vergleichsweise höheren Kosten schlucken auch einen großen Teil der Rendite.

Gute Anlageentscheidungen beruhen auf den richtigen Kennzahlen und einer guten Strategie

Wo sind Sie besser aufgehoben, wenn Sie Ihr hart verdientes Vermögen investieren wollen? In einem Healthcare Start-up, das am Anfang keinen Gewinn abwirft, später jedoch vielleicht durch die Decke geht? Oder in einem etablierten Namen mit langfristig stabilen Renditen?

Als Neueinsteiger sollten Sie sich ausschließlich von den wichtigsten Geschäftskennzahlen leiten lassen

Achten Sie zunächst auf die Profitabilität eines Unternehmens, denn die Gewinnentwicklung beeinflusst am Ende die Höhe der Dividende. Eine der wichtigsten Kennzahlen ist hier der Gewinn vor Zinsen, Steuern und Abschreibungen, kurz EBITDA. Diese Kennzahl zeigt, ob ein Unternehmen grundsätzlich profitabel ist.

Auch ein Blick auf die finanzielle Stabilität ist ratsam. Die Eigenkapitalquote ist der Quotient aus dem Eigenkapital eines Unternehmens und seinem Gesamtkapital. Je höher diese Kennzahl ist, desto kreditwürdiger ist das Unternehmen - und desto wahrscheinlicher ist es, dass es auf Dauer zahlungsfähig bleibt.

Natürlich lohnt es sich auch, einen Blick auf die bisherige Entwicklung der Aktie zu werfen. Beginnen Sie hier mit dem Kurs-Gewinn-Verhältnis, kurz KGV. Hier wird zunächst der Gewinn des Unternehmens durch die Anzahl aller Aktien geteilt, um den Gewinn pro Aktie zu ermitteln. Dann wird der aktuelle Aktienkurs durch diesen Gewinn pro Aktie geteilt.

Liegt der Aktienkurs bei 150 Euro und der Gewinn bei 10 Euro pro Aktie, wäre das Verhältnis 15. Als Anleger würden Sie dann das 15-fache des Gewinns für eine Aktie bezahlen. Ein hohes KGV steht für eine teure Aktie. Und hohe Aktienkurse sind meist mit hohen Erwartungen an den zukünftigen Unternehmenserfolg verbunden. Werte zwischen 12 und 15 gelten hier als durchschnittlich.

Idealerweise sollten Sie nicht wahllos investieren, sondern mit einer langfristigen Anlagestrategie. Auf diese Weise vermeiden Sie nicht nur unnötige Transaktionen und Gebühren, sondern auch Panik bei kurzfristigen Kurseinbrüchen. Ein eher konservativer Ansatz ist die Markenstrategie. Hier investieren Sie bevorzugt in die Aktien bekannter Unternehmen, die schon lange erfolgreich sind.

Eine Alternative ist die Relative-Stärke-Strategie. Hier wetten Sie darauf, dass bisher positive Aktienkurse in Zukunft weiter steigen werden. Zunächst wird der Durchschnittskurs aus den letzten 15 Monatsschlusskursen berechnet. Der Quotient aus dem aktuellen Aktienkurs und dem Durchschnittskurs ergibt die Relative Stärke. Je höher der Wert ist, desto höher ist die Wahrscheinlichkeit, dass sich die Aktienkurse des Unternehmens weiterhin positiv entwickeln werden. Sie können die Relative-Stärke-Strategie auch mit der Analyse von Kennzahlen wie dem Kurs-Gewinn-Verhältnis kombinieren.

Bewertung von Aktien mit dem Kurs-Gewinn-Verhältnis

Das Kurs-Gewinn-Verhältnis (KGV) ist das Verhältnis zwischen dem Gewinn eines Unternehmens und dem aktuellen Aktienkurs des Unternehmens. Auch als Kurs-Gewinn-Verhältnis (KGV) bekannt, untersucht das KGV den erwarteten Gewinn pro Aktie. Der daraus resultierende Wert ist ein Hinweis darauf, ob die Aktie teuer oder billig ist. Ein Beispiel:

Medtronic plc (2M6.DE) und Eli Lilly and Company (LLY.F) sind zwei Unternehmen aus der Gesundheitsbranche. Sie haben einen ähnlichen Aktienkurs und eine ähnliche Anzahl an ausstehenden Aktien. Doch das KGV von Medtronic liegt bei 19,64 und das KGV von Eli Lilly and Company bei 34,03. Das KGV zeigt hier an, dass die Aktie von Medtronic deutlich günstiger zu kaufen ist als die andere. Das KGV beschreibt den Faktor, mit dem der Nettogewinn pro Aktie den Aktienkurs bestimmt.

Das KGV von 19,64 sagt uns zum Beispiel, dass der Aktienkurs von Medtronic etwa zwanzigmal höher ist als der Gewinn pro Aktie, den das Unternehmen derzeit erzielt. Das wiederum sagt uns etwas über die Bewertung der Aktie: Sie wird mit dem Zwanzigfachen des Jahresgewinns bewertet. Es würde also etwa 20 Jahre dauern, bis das Unternehmen den Wert der Aktie durch seine Gewinne verdient hat.

Berechnung des Kurs-Gewinn-Verhältnisses.

Beim Kurs-Gewinn-Verhältnis (KGV) wird der Aktienkurs durch den Gewinn des Unternehmens pro Aktie geteilt. Die Formel lautet demnach:

KGV = Aktienkurs / Gewinn je Aktie
KGV = Aktienkurs / (Gewinn des Unternehmens / Anzahl der Aktien)

Um bei dem Beispiel zu bleiben: Wenn der Aktienkurs von Medtronic 71,40 € beträgt und das Unternehmen 3,63 € pro Aktie verdient, lautet die Berechnung des KGV:

KGV = 71,40 € / 3,63 € (Gewinn pro Aktie)
P/E RATIO = 19,64

Auf Portalen wie Yahoo Finance wird das KGV angegeben, damit Sie es nicht selbst berechnen müssen. Sie sollten jedoch immer verstehen, welcher Gewinn hier berechnet wurde. Die Berechnung sollte immer mit dem Nettogewinn abgeschlossen werden, also nach Abzug von

Zinsen, Steuern und Abschreibungen. Es ist auch wichtig zu wissen, wann der Gewinn berechnet wurde. Sind die Zahlen vom letzten Jahr? Wenn ja, sind die Berechnungen solide, aber auch alt. Werden Gewinnerwartungen aus der Zukunft verwendet? Dann können sie manchmal zu optimistisch sein. Am besten geeignet sind die Gewinne aus dem laufenden Geschäftsjahr. Gewinne aus den letzten Quartalen liefern die besten Informationen.

Aktien richtig bewerten: Das KGV interpretieren

Das Kurs-Gewinn-Verhältnis ist nur eine Kennzahl innerhalb eines ökonomischen Modells zur Bestimmung des Wertes von Aktien. Leider gibt es auch innerhalb dieser keine allgemeingültige Regel, bei welchem Wert eine Aktie als überteuert gilt. Das KGV variiert nach wie vor von Branche zu Branche. Verschiedene Quellen geben einen Richtwert zwischen 12 und 15 an, an dem Aktien gemessen werden können: Unterhalb dieses Richtwerts gilt eine Aktie als tendenziell günstig bewertet, oberhalb als tendenziell teuer.

Eine Faustformel, die der Finanzjournalist Gereon Kruse für zutreffender hält, ist diese: Das KGV darf in etwa der durchschnittlichen Wachstumsrate des Unternehmens entsprechen. Wenn zum Beispiel Medtronic seinen Umsatz von einem Geschäftsjahr zum nächsten um 20 Prozent steigert, dann ist ein KGV von 20 gerechtfertigt. Wenn Sie das KGV mit dem Wachstum vergleichen, nennt man diesen Vergleich auch PEG - die „Price-Earnings-Growth-Ratio“.

Tipp: Wenn Sie sich die Entwicklung einer Aktie ansehen und starke Schwankungen feststellen, ist es sinnvoll, einen Durchschnittswert zu berechnen. So lassen sich zuverlässigere Kennzahlen bilden und die Schwankungen relativieren.

Grundsätzlich gilt: Eine Aktie mit einem niedrigen Wert ist günstiger. Finanzexperte Detlev Landmesser ergänzt jedoch, dass Aktien mit einem niedrigen KGV auch ein Warnzeichen sein können, wenn beispielsweise ein Großteil der Anleger einen Gewinneinbruch erwartet und ihre Aktien verkauft.

Dann kann dies auch durch ein niedriges KGV angezeigt werden. In diesem Fall wäre ein niedriges KGV eher ein Hinweis auf einen ungünstigen Zeitpunkt. Andererseits müssen Aktien mit einem hohen zweistelligen KGV nicht teuer sein, wenn das Umsatzwachstum passt.

Daraus folgt: Bei der Interpretation des KGVs sollten immer auch andere wirtschaftliche Faktoren betrachtet werden. Zum Beispiel kann die Gewinnhistorie wichtig sein, um die Gewinnprognosen zu beurteilen. Auch die Bilanz des Unternehmens sollte berücksichtigt werden.

Ökonomen gehen in ihren Modellen immer davon aus, dass Investoren rational handeln und alle Informationen zur Verfügung haben. Die Realität sieht jedoch anders aus. Politische Rahmenbedingungen und emotionale Handlungen können jedes Investitionsmodell untergraben.

Ein Beispiel ist die Aktie von Amazon.com Inc. (AMZN). Eine Aktie kostet heute 1276,68 US Dollar. Das Unternehmen erwirtschaftet 3,92 US-Dollar pro Aktie.

Damit hat es ein KGV von 325,52. Jeder Wirtschaftswissenschaftler würde Anlegern dringend davon abraten, die Aktie zu diesem Zeitpunkt zu kaufen, da sie sehr teuer ist. Yahoo gibt das PEG (Kurs-Gewinn-Wachstums-Verhältnis) von Amazon mit 17,48 an. Auch das Wachstum von Amazon rechtfertigt nicht das hohe KGV. Dennoch steigt der Aktienkurs stetig an. In den letzten 52 Wochen ist er um mehr als 50% gestiegen. Die Anleger wetten auf die zukünftige Entwicklung von Amazon und kaufen daher weiterhin die Aktie, auch wenn dies finanztheoretisch nicht unbedingt zu begründen ist, schon gar nicht mit dem KGV.

Einordnung des Kurs-Gewinn-Verhältnisses

Das Kurs-Gewinn-Verhältnis (KGV) ist die beliebteste Kennzahl innerhalb der sogenannten „Fundamentalanalyse". Es wird zur Bewertung von Aktien verwendet. Die Fundamentalanalyse dient der Ermittlung des „inneren Wertes" einer Aktie. Dieser wird aus den Geschäftsdaten und dem wirtschaftlichen Kontext eines Unternehmens abgeleitet.

Neben dem KGV werden auch das Kurs-Buchwert-Verhältnis (KBV), die Gesamtkapitalrendite, das Kurs-Cashflow-Verhältnis (K/C-Verhältnis), das Kurs-Umsatz-Verhältnis (K/U-Verhältnis), die Dividendenrendite oder die Eigenkapitalquote untersucht. Diese liefern dem Investor ein Kursziel. Die Fundamentalanalyse wird vor allem von Anlegern genutzt, die das Konzept des Value Investing verfolgen. Das Gegenteil der Fundamentalanalyse ist die Chartanalyse, die auf der Auswertung von Börsenkursen und -mustern basiert.

Die Fundamentalanalyse kann auch verwendet werden, um Unternehmen unterschiedlicher Größe zu vergleichen. Dazu werden die Quartals- oder Jahresberichte der Unternehmen herangezogen und verglichen. Bei der Dividendenrendite wird z.B. die ausgeschüttete Rendite ins Verhältnis zum Aktienkurs gesetzt. Je höher die Dividendenrendite ist, desto besser ist das Investment für den Anleger.

Ihre Chancen an der Börse verstehen und ergreifen

Kapitalismuskritik ist in: Immer wieder werden die Profitgier, die Zockerei an der Börse und der globale Wettbewerb, der vor allem kleine Unternehmen bedroht, kritisiert. Schließlich führt unser Wirtschaftssystem zu sozialer Ungleichheit und fördert die Klimakrise. Keine Frage, die Kritik ist berechtigt.

Es ist jedoch auch eine Tatsache, dass wir bis auf Weiteres im Kapitalismus leben und uns seinen Herausforderungen stellen müssen. Anstatt sich darüber aufzuregen, können Sie Unternehmen, deren Handeln Sie ethisch gutheißen, durch Investitionen unterstützen und so den Wandel mitgestalten. Sie haben keine Ahnung, wie oder wo Sie anfangen sollen?

Dieser Ratgeber gibt Ihnen eine Einführung in die Welt der Märkte und der Börse und berichtet über prominente Beispiele, die mit ihren Unternehmen und Investitionen die

Welt verändert haben. Sie erfahren, wie der Markt tickt, wie sich Spekulationsblasen bilden und welche Trends Sie bei der Aktienauswahl im Auge behalten sollten. Außerdem erhalten Sie eine Schritt-für-Schritt-Anleitung, wie Sie Ihr eigenes Wertpapierdepot eröffnen können.

Aya Jaff hat schon früh erkannt, dass es an der Börse um mehr geht als um Geld. „Wer Millionen auf seinem Konto hat, muss einen schlechten Charakter haben", sagt sie. „Börse? Das ist zu viel Mathe für mich." Die Finanzwelt hat keinen guten Ruf, und zu viel Geld „stinkt". Aber ganz so einfach ist es natürlich nicht. Lassen Sie uns also damit beginnen, ein paar Missverständnisse auszuräumen.

Viele Menschen denken, dass man ein Mathegenie sein muss, um erfolgreich zu investieren. Doch Aya Jaff war schon in der Schule keine gute Mathe-Schülerin. Nachdem sie sich mit Freunden unterhalten und etwas zum Thema recherchiert hatte, wurde ihr klar, dass es auch an der Börse nicht in erster Linie um Zahlen geht. Wer ein guter Investor sein will, muss verstehen, wie Unternehmen Werte schaffen, Erfolgsfaktoren und Perspektiven erkennen und einschätzen können, wie viel Potenzial in den Ideen eines Unternehmens steckt. Es geht darum, in die Zukunft zu schauen. Als Aya Jaff das verstanden hatte, wurde das Thema für sie plötzlich spannend.

Sie las von erfolgreichen Unternehmern wie Melinda Gates, Elon Musk und Jack Ma und war beeindruckt: Diese Menschen sind Macher und Geldmacher. Sie setzen ihre Ideen einfach in die Tat um und verändern damit die Welt. So wie es die Unternehmen in Ihrer Nachbarschaft im

Kleinen tun. Natürlich ist es Unsinn, so zu tun, als ob der freie Markt nur gute Seiten hätte. Es gibt Milliardäre, die für ihren Profit über Leichen gehen, es gibt soziale Ungerechtigkeit und Menschen, die ihren Reichtum nur zu ihrem eigenen Vergnügen ausgeben - aber nicht alle Reichen sind skrupellos. Wer Millionen auf dem Konto hat, kann sich nicht nur eine Yacht und ein teures Ferienhaus leisten, sondern auch Think Tanks gründen, Medienhäuser unterstützen, Lobbyarbeit finanzieren und damit ganze Regierungen und Gesellschaften beeinflussen. Alles im Einklang mit den eigenen Werten und Interessen.

Viele der Moneymaker haben eines gemeinsam: Sie haben eine Wachstumsmentalität. Dahinter steht der Glaube, dass auch schwierige Probleme mit harter Arbeit, Ausdauer und Disziplin gelöst werden können und dass jeder das Potenzial hat, erfolgreich zu sein. Versuchen Sie, sich eine solche Mentalität anzueignen, wenn es um die Finanzen geht, denn zu oft gehen wir mit Angst an Geld und Investitionen heran. Dies ist der erste Schritt in Richtung Börse. Wenden wir uns als Nächstes den Grundlagen der Finanzen zu.

Wenn Sie erfolgreich investieren wollen, müssen Sie die Grundlagen des Marktes verstehen

Was ist der Kern unseres Wirtschafts- und Finanzsystems, das oft so stark kritisiert wird? Der freie Markt. Um den Kapitalismus kritisch beurteilen zu können und mitreden zu können, wenn etwas schiefläuft, sollten Sie diesen Kern besser verstehen. Beginnen wir also mit den Grundlagen: den beiden Kräften, die den Markt bestimmen - Angebot und Nachfrage.

Stellen Sie sich vor, es gibt eine Insel, auf der es keine Bananen gibt

Eines Tages beginnt ein findiger Unternehmer, Bananen vom fernen Festland zu importieren. Die Menschen reißen ihm die neuen Früchte buchstäblich aus den Händen. Die Nachfrage ist hoch, das Angebot gering. Der Händler kann entsprechend hohe Preise verlangen.

Andere Unternehmer beobachten das Spektakel und bald ist er nicht mehr der einzige Bananenimporteur. In der Folge haben die einzelnen Händler Schwierigkeiten, alle ihre Bananen zu verkaufen. Das Angebot ist zu groß. Also beginnen einige Händler, ihre Preise zu senken, um mehr Kunden anzulocken. Bald jedoch gehen einige Händler in Konkurs. Der Markt reguliert sich selbst und schafft ein Gleichgewicht zwischen Angebot und Nachfrage. Sie fragen, was an dieser Geschichte so spektakulär ist?

Als der britische Wirtschaftswissenschaftler Adam Smith 1776 seine Theorie über die unsichtbare Hand des Marktes veröffentlichte, war das eine Revolution im Denken. Bis dahin hatten Staaten Zölle eingesetzt, um Angebot und Nachfrage zu beeinflussen. Smith hingegen vertrat die Ansicht, dass der Staat nur die Rahmenbedingungen für die Wirtschaft setzen sollte. Seine Überzeugung war, dass, wenn sich jeder um sein eigenes Wohlergehen kümmert, jeder das bekommt, was er braucht oder will. Diese Idee ist auch heute noch die Grundlage der freien Marktwirtschaft.

Dass sich der Markt aber nicht immer gut selbst reguliert, wurde erst mit der Weltwirtschaftskrise in den 1920er Jahren überdeutlich. Ein weiterer Vordenker betrat die Szene: John Maynard Keynes. Er forderte ein stärkeres Eingreifen des Staates. In Krisenzeiten, so argumentierte er, müsse der Staat Arbeitsplätze schaffen und sich notfalls verschulden, um die Nachfrage zu stimulieren. Dieser Ansatz prägte die Politik bis in die 1970er Jahre. Doch es gab auch Gegenstimmen. Der Ökonom August von Hayek zum Beispiel war überzeugt, dass der Markt viel zu komplex ist, als dass der Staat die Auswirkungen seiner Eingriffe genau berechnen könnte.

Wie viel Staatseingriff in die Wirtschaft richtig ist, bestimmt bis heute die öffentliche Debatte. Sollten wir ein bedingungsloses Grundeinkommen einführen? Brauchen wir noch Staatsdiener? Um nichts anderes geht es bei diesen Fragen.

Anleger sollten Spekulationsblasen verstehen und frühzeitig erkennen

Bestehende Wirtschaftsmodelle werden nicht zuletzt deshalb kritisiert, weil sie Krisen nur unzureichend erklären und vorhersagen können. Spekulationsblasen treten immer wieder auf. Als Anleger sollten Sie verstehen, wie sie entstehen. Werfen wir einen Blick auf die jüngste Finanzkrise von 2008.

Banken verleihen das meiste Geld ihrer Kunden weiter, zum Beispiel an Menschen, die ein Haus bauen wollen und dafür einen Kredit aufnehmen müssen. Sie erhalten das Geld, müssen es jedoch in Raten zurückzahlen, inklusive Zinsen. Sind die Hausbesitzer nicht in der Lage, ihre Kreditraten zu bedienen, hat die Bank das Recht, das Haus zu verkaufen und mit dem Erlös das geliehene Geld zurückzubekommen. Diese Hypotheken waren der Ausgangspunkt der Finanzkrise.

Damals bekamen auch Menschen ohne regelmäßiges Einkommen Kredite, obwohl es ungewiss war, ob sie diese jemals zurückzahlen würden. Und natürlich waren viele Menschen irgendwann nicht mehr in der Lage, genau das zu tun. Die Banken boten die Häuser zum Verkauf an, aber auf dem Immobilienmarkt gab es eine regelrechte Schwemme von Häusern. Das Angebot war zu groß, also fielen die Preise. Die Banken ließen sich immer abstrusere Wege einfallen, um aus den Hauskrediten doch noch einen Gewinn zu machen.

Zunächst gelang es ihnen, indem sie die Hypotheken mit anderen Finanzprodukten in Fonds namens „Collateralized Debt Obligations" bündelten und als Wertpapiere handelten. Im Falle eines Hypothekenausfalls wäre der Verlust damit begrenzt. Diejenigen, die in diese Fonds investierten, waren sich des Risikos nicht bewusst, da die riskanten Hypotheken im Anlagemix untergingen. Aber das war noch nicht alles: Diese Wertpapierpakete wurden auch noch mit anderen gebündelt und gehandelt. Banken auf der ganzen Welt konnten dann auf die Wertentwicklung eines Kreditpakets wetten, das aus Kreditpaketen voller riskanter Kredite bestand.

Irgendwann konnten aber zu viele faule Kredite nicht mehr bedient werden. Banken erlitten Milliardenverluste, und selbst große Banken gerieten in Zahlungsschwierigkeiten, von denen einige nur durch staatliche Hilfen gerettet werden konnten. Millionen von Menschen verloren ihren Arbeitsplatz und ihr Vermögen.

Die Finanzkrise ist ein abschreckendes Beispiel dafür, was passiert, wenn Menschen Verträge unterschreiben, die sie nicht verstehen, und sich blind auf Bankberater verlassen. Hätten nämlich mehr Hausbesitzer gar nicht erst Kredite aufgenommen, hätte es keine Spekulationsblase gegeben. Es gibt zwei einfache Indikatoren, die helfen, eine solche Blase vorherzusagen: wenn immer mehr Menschen, die sich sonst nicht für den Aktienmarkt interessieren, eine bestimmte Aktie kaufen, und wenn der Aktienmarkt immer mehr Raum in der Medienberichterstattung einnimmt. Zunächst müssen Sie jedoch entscheiden, in welche Unternehmen Sie überhaupt investieren wollen. Eine gute Idee ist es, die weltweite wirtschaftliche Entwicklung im Auge zu behalten.

China ist im Begriff, die USA als Wirtschaftsmacht Nummer eins abzulösen

Die Fortune-500-Liste ist die bekannteste Rangliste für Unternehmen weltweit. Woher kommen die erfolgreichsten Unternehmen? 121 Unternehmen auf der Liste haben ihren Sitz in den USA, aber China stellt mittlerweile die zweitgrößte Gruppe: 119 Unternehmen aus dem Reich der Mitte schaffen es auf die Top-Liste. Das Ranking ist sinnbildlich für einen globalen Trend. China schickt sich an, die USA als stärkste Wirtschaftsmacht der Welt abzulösen.

Viele Menschen assoziieren chinesische Produkte noch immer mit minderer Qualität, doch das stimmt nicht mehr. In einigen Bereichen ist es dagegen inzwischen normal, chinesische Marken zu verwenden. Denken Sie nur an die Huawei-Smartphones. Oft merken wir gar nicht, wo wir es mit chinesischen Produkten zu tun haben. Hinter der Modemarke Tom Tailor und dem österreichischen Strumpfhosenhersteller Wolford stehen zum Beispiel Unternehmen aus der Volksrepublik.

Im Technologiebereich sind chinesische Firmen den im Westen bekannteren Anbietern oft sogar überlegen. Mobile Bezahlfunktionen sind mit Alipay und WeChat längst Standard, während Facebook noch an der Umsetzung eines digitalen Bezahldienstes per App arbeitet. Als Tinder unser Dating-Leben veränderte, flirteten die Chinesen schon lange über die App Momo. Und wenn es um Video-Streaming geht, ist Chinas YY.com noch weit vor Facebook und WhatsApp.

Trotzdem kennen wir nur wenige chinesische Unternehmen und ihre Chefs. Zwei, die auch viele Menschen in westlichen Ländern kennen, sind Jack Ma und Pony Ma, die übrigens nicht verwandt sind. Jack Ma ist der Gründer von Alibaba. Das Unternehmen wurde zunächst als Kopie von Amazon gegründet, wurde aber von Jack Ma zu einem gigantischen Online-Handelsimperium ausgebaut.

Pony Ma ist der Gründer von Tencent. Er ist Spielern außerhalb Chinas ein Begriff, weil sein Unternehmen 2015 Riot Games, den Herausgeber des Online-Spiels League of Legends, gekauft hat. Tencent ist auch der Entwickler von WeChat, der App, die für Chinesen unersetzlich geworden ist. Die Menschen nutzen WeChat nicht nur zum Chatten, sondern auch, um Geld zu senden, Unternehmen zu kontaktieren und sogar ein Taxi zu bestellen.

Viele chinesische Unternehmen wachsen noch in ihrem Heimatland, aber in Zukunft werden immer mehr von ihnen den internationalen Markt betreten. Wenn Sie vom Aufschwung Chinas profitieren wollen, ist der Kauf chinesischer Aktienindizes eine Option. Zu den bekanntesten gehören der Hang Seng China Enterprise Index, der Hang Seng Index und der CSI300 Index. Sie bündeln Aktien verschiedener Unternehmen nach bestimmten Kriterien, sodass Sie als Anleger Trends besser wahrnehmen können.

Kluge Investoren haben ein Auge auf gesellschaftliche Trends

Nicht nur die allgemeine Wirtschaftskraft verschiedener Länder spielt bei der Auswahl geeigneter Aktien eine Rolle, auch gesellschaftliche und technologische Trends sollten Sie im Auge behalten. Vier davon stellen wir Ihnen in diesem Abschnitt vor.

Der erste Trend ist die künstliche Intelligenz, kurz KI. Maschinen sollen lernen, selbstständig Entscheidungen zu treffen und Probleme zu lösen, um uns Menschen die Arbeit abzunehmen und unser Leben zu vereinfachen. Von diesem Ziel ist die Technologie noch weit entfernt, aber einfache KI wird bereits in vielen Bereichen eingesetzt. Chatbots und Bilderkennung zum Beispiel funktionieren nur dank KI. In der Industrie signalisieren Maschinen durch KI ihren nächsten Wartungstermin. Und Autos werden uns in Zukunft automatisch durch Staus lotsen können.

Augmented- oder Virtual-Reality-Formate sind der zweite Trend. Sie kennen Augmented Reality von Snapchat oder Pokémon Go. Dabei werden über die Smartphone-Kamera virtuelle Formen in die Realität eingeblendet. Und ja, es gibt auch ernsthafte Anwendungen für Augmented Reality: Nahverkehrs-Apps können Ihnen zum Beispiel den

Weg zur nächsten Haltestelle zeigen und dort Abfahrtszeiten einblenden. Oder Sie können Ihre Wohnung mit virtuellen Möbeln einrichten, damit Sie keinen Fehlkauf riskieren. Virtuelle Realitäten werden vor allem im Gaming-Bereich eingesetzt, aber auch Piloten trainieren ihre Flugsicherheit in virtuellen Umgebungen.

Ein dritter Trend ist die Blockchain-Technologie. Sie ist am bekanntesten für ihren Einsatz in Kryptowährungen wie Bitcoin und Ethereum, aber Blockchain kann noch viel mehr. Die Technologie könnte unser gesamtes Bankwesen verändern, indem sie Banken als Vermittler zwischen Kreditgebern und Kreditnehmern überflüssig macht. Das klingt zunächst abstrakt. Konkret könnte das dazu führen, dass Sie ein Ferienhaus ausschließlich über die Blockchain mieten, die dann die Bestellung, Bezahlung und Übergabe regeln würde. Für die Übergabe würden Sie eine Dapp nutzen, eine dezentrale App, die die Transaktion der Vermietung in der Blockchain registriert hat. Die Dapp weiß, dass Sie bezahlt haben, und lässt Sie deshalb die Tür zur Ferienwohnung öffnen.

Der vierte Trend schließlich ergibt sich aus der fortschreitenden Digitalisierung. Die immer größer werdenden Datenmengen müssen in Serverfarmen gespeichert werden. Diese Zentren benötigen enorme Mengen an Strom und müssen immer weiter ausgebaut werden. Bis 2030 werden sie für rund acht Prozent des weltweiten Energieverbrauchs verantwortlich sein. Eine Lösung zur Reduzierung des Energieverbrauchs ist die Biotechnologie. Dabei werden zelluläre und molekulare Prozesse genutzt, um Daten zum Beispiel auf DNA zu speichern. Im Vergleich zu herkömmlicher Speichertechnik könnten so statt dreißig Millionen Gigabyte sechshundert Milliarden Gigabyte auf demselben Datenträger gespeichert werden. Außerdem ist die DNA stabiler, sicherer und viel energieeffizienter. Wir stehen hier wahrscheinlich erst am Anfang einer neuen Ära der Innovation.

Auch Prominente beeinflussen die Aktienkurse

Wer in sozialen Netzwerken unterwegs ist, kommt kaum an ihnen vorbei: den Feeds der Reichen und Schönen. Viele Prominente, die ihr Leben online teilen, haben ihr Vermögen durch Social Media überhaupt erst gemacht. Ob Sie nun ein bisschen neidisch auf diese Influencer sind oder nicht, ein Auge auf solche Online-Promis zu haben, kann für Ihre Anlagestrategie nützlich sein.

Eine der berühmtesten Influencerinnen ist Kylie Jenner, die laut Forbes Magazin die jüngste Selfmade-Milliardärin der Welt ist. Die US-Amerikanerin vertreibt ihre eigene Kosmetiklinie und hatte schon als Teenager Millionen von Fans. Mittlerweile lassen sich allein 184 Millionen Follower auf Instagram von ihren Make-up- und Lifestyle-Tipps inspirieren. Pro Posting verdient Kylie Jenner rund 1,2 Millionen US-Dollar. Und was hat das mit ihren Finanzen zu tun?

Mit ihrer Meinung hat Jenner Marktmacht. Unternehmen, die von ihr erwähnt werden, klettern an der Börse nach oben oder erleben bittere Kursverluste. Als sie sich im Februar 2018 enttäuscht über ein Snapchat-Update äußerte, verlor die Aktie in kurzer Zeit 1,7 Milliarden Dollar an Wert. Als kluger Investor hätten Sie also darauf wetten können, dass die Snapchat-Aktie direkt nach ihrem Posting fällt und einen ordentlichen Gewinn einfahren können. Allerdings ist diese Art von Aktiengeschäft sehr riskant und für Anfänger nicht zu empfehlen.

Einflussreiche Prominente kommen natürlich nicht nur aus dem Lifestyle-Bereich. Auch Greta Thunberg hat in letzter Zeit viele Schlagzeilen gemacht und Politik und Wirtschaft beeinflusst. Die Schwedin gründete die Bewegung "Fridays for Future", um auf die Klimakrise aufmerksam zu machen. Inzwischen entwickelt sich weltweit ein starkes kollektives Bewusstsein für die Notwendigkeit, nachhaltiger zu wirtschaften. Sie können die Bewegung persönlich unterstützen und an Demos teilnehmen. Sie können sie auch finanziell als Investor unterstützen, indem Sie in nachhaltige Unternehmen investieren.

Und selbst wenn Sie noch keine Aktien besitzen, können Sie Ihre Finanzen umweltfreundlich organisieren, indem Sie ein Girokonto bei einer Bank eröffnen, die ihre Gelder nachhaltig anlegt. Es gibt immer mehr Anbieter, die eine Alternative zum Mainstream bieten, zum Beispiel das Start-up Tomorrow oder die GLS Bank. Je mehr Verbraucher und Anleger Nachhaltigkeit in ihre Entscheidungen einbeziehen, desto größer ist der gesellschaftliche Effekt. Sie möchten am liebsten gleich Ihre erste Aktie kaufen? Dann nichts wie hin zum nächsten Abschnitt.

Die Eröffnung Ihres ersten Wertpapierdepots ist viel einfacher als Sie denken

Sie haben nun einen ersten Einblick gewonnen, worauf es bei der Auswahl von Aktien ankommt. Doch bevor Sie mit dem realen Aktienhandel beginnen, sollten Sie sich noch umfassender informieren. Sie sollten genau verstehen, welche Risiken mit dem Aktienhandel verbunden sind, welche Wertpapiere es gibt und welche Rolle Makler und Börsen spielen.

Wann sind Sie bereit, Aktien zu kaufen? Der beste Weg, Ihr Börsenwissen zu testen, ist, es in die Praxis umzusetzen. Im ersten Schritt müssen Sie kein Risiko eingehen. Eröffnen Sie einfach ein Demokonto. Es gibt zahlreiche Online-Anbieter, alternativ können Sie sich auch eine Börsen-App wie BUX oder etoro auf Ihr Smartphone laden. Sowohl bei den Apps als auch bei den Demokonten investieren Sie Spielgeld. Was passiert, wenn Sie die ersten Erfolge erzielt haben und Ihre erste echte Aktie kaufen wollen?

Dann wählen Sie zunächst einen Broker aus, bei dem Sie ein Depot eröffnen. Es gibt viele Online-Broker, die günstige Konditionen anbieten. Auf Webseiten wie depotvergleich.com und brokervergleich.net können Sie einen geeigneten Anbieter finden. Die jährlichen Depotführungsgebühren und die Gebühren pro Transaktion sind bei Online-Brokern günstiger als bei Filialbanken. Wenn Sie jedoch die Möglichkeit haben wollen, offene Fragen in einem persönlichen Gespräch zu klären, ist es besser, eine Filialbank für Ihr Wertpapierdepot zu wählen.

Die Eröffnung eines Wertpapierdepots ist ähnlich wie die Eröffnung eines Kontos. Wenn Sie einen Online-Broker wählen, müssen Sie sich in der Regel ausweisen. Oft wird dafür das Post-Ident-Verfahren oder die erste Überweisung genutzt. Danach aktivieren Sie Ihr Konto und überweisen das Geld, das Sie investieren möchten. In der Regel ist es innerhalb weniger Tage verfügbar. Nun sind Sie bereit, Ihre erste Aktie zu kaufen.

Der nächste Schritt ist die Auswahl des Handelsplatzes. Für deutsche Aktien stehen grundsätzlich zwei Handelssysteme zur Auswahl: das elektronische System Xetra und der Parketthandel in Frankfurt oder Stuttgart. Wenn Sie sich zu Beginn für den Parketthandel entscheiden, können Sie nichts falsch machen. Gerade wenn Sie in große Unternehmen investieren, spielt es auch eine untergeordnete Rolle, für welchen Handelsplatz Sie sich entscheiden. Dazu können Sie später mehr lesen, wenn Sie mehr Erfahrung gesammelt haben.

Um eine Aktie zu kaufen, füllen Sie bei Ihrem Broker ein Orderformular aus. Sie geben an, welche Aktie Sie in welcher Stückzahl an welchem Handelsplatz kaufen wollen. Außerdem geben Sie die Gültigkeit und die Auftragsart an. Mit einem Klick geben Sie die Order frei. Abhängig von den eingestellten Konditionen finden Sie bereits nach wenigen Sekunden die erste Aktie in Ihrem Depot.

Das Weltportfolio: Auf die richtige Mischung aus risikofreien und risikoreichen Aktien kommt es an

Das Weltportfolio ist eine Sammlung von Indexprodukten, die möglichst viele verschiedene Anlageklassen und Indizes rund um den Globus abdeckt. Wenn Sie die Indexierungsstrategie mit dem Wissen der vorangegangenen Abschnitte gewählt haben, ist das Weltportfolio der beste Weg, um die maximale Rendite bei einem gegebenen Risikoniveau zu erzielen.

Bestimmen Sie Ihre persönliche Risikotoleranz, bevor Sie Ihr Weltportfolio aufbauen

Ihre Risikotoleranz hängt von Ihrer individuellen Situation ab. Wenn Sie Single mit sicherem Einkommen und langfristiger Jobperspektive sind, können Sie wahrscheinlich risikofreudiger sein als ein Familienvater, dessen Job durch die fortschreitende Digitalisierung und

Automatisierung von Arbeitsprozessen bedroht sein könnte. Seien Sie sich nur bewusst, dass ein höheres Risiko auch höhere potenzielle Verluste bedeutet und automatisch die empfohlene Mindestanlagedauer verlängert.

Das Weltportfolio setzt sich aus einem risikolosen und einem risikoreichen Teil zusammen und basiert auf den vier Grundprinzipien der Indexierung. Eines dieser Grundprinzipien ist die systematische Diversifikation, die vorschreibt, in möglichst viele verschiedene Anlageklassen zu investieren. Im Weltportfolio werden diese Anlageklassen zusätzlich unterschieden in risikofreie Anlagen, wie z.B. vergleichsweise sichere Staatsanleihen und Geldmarktanlagen, und risikoreiche Anlagen, die die Rendite liefern und global diversifiziert sind, d.h. aus Aktien von Unternehmen in aller Welt bestehen.

Der risikotolerante Alleinverdiener mit hohem Einkommen kann beispielsweise ein Weltportfolio mit einem Risikoanteil von 60% bilden. Bei einer Mindestanlagedauer von sieben Jahren kann er langfristig eine reale Rendite von 5% erwarten. Der risikoscheue Familienvater hingegen könnte ein Weltportfolio mit nur 30% Risikoanteil bilden und bei einer Mindestanlagedauer von nur drei Jahren eine langfristige Realrendite von 3,3% erzielen. Bevor Sie also bestimmte Indexprodukte für Ihr Weltportfolio auswählen, sollten Sie überlegen, wie viel Risiko Sie sich leisten können.

Es wird konkret: Wählen Sie die richtigen Finanzprodukte für Ihr Portfolio

Nachdem Sie den risikofreien und den risikoreichen Teil Ihres Weltportfolios bestimmt haben, geht es nun an die Auswahl der konkreten Indexprodukte, denn allein in Deutschland werden rund 1000 Indexfonds angeboten. Um die richtigen Indexfonds auszuwählen, nehmen Sie sich die Zeit für eine sorgfältige Recherche im Internet. Die Adresse www.justetf.de ist ein Beispiel für eines der unzähligen Portale, auf denen Indexfonds übersichtlich nach verschiedenen Anlageklassen aufgelistet sind. Hier können Sie weltweit diversifizierte Aktienfonds für den risikoreichen Teil Ihres Portfolios kaufen.

Aufgrund der unterschiedlichen Risikobereitschaft sind konkrete Umsetzungsvorschläge schwierig. Sie sollten aber nach Möglichkeit Fonds aus verschiedenen Regionen auswählen und darauf achten, dass Small Caps (kleine Unternehmen), Mid Caps (mittlere Unternehmen) und Large Caps (große Unternehmen) enthalten sind. Dann gehen Sie mit dem risikolosen Teil genauso vor und wählen die entsprechenden Indexfonds aus Anleihen- und Geldmarkt-ETFs aus.

Die folgenden Faustregeln helfen Ihnen, die beste Wahl zu treffen: Wählen Sie innerhalb einer Anlageklasse den Indexfonds mit der niedrigsten Gesamtkostenquote (TER), wenn möglich. Halten Sie sich jedoch von ETFs fern, deren Gesamtkostenquote fälschlicherweise als niedriger als die Managementgebühr angegeben wird.

Im Hinblick auf die Diversifikation sollten Ihre Indexfonds eine möglichst breite Anlageklasse abbilden und dabei einfach und transparent sein. Neu aufgelegte Indexprodukte werden manchmal als Innovationen angepriesen, entpuppen sich jedoch bei näherer Betrachtung als unnötig komplex und fragwürdig.

Die Auswahl der einzelnen Indexfonds mag zunächst mühsam und zeitaufwendig erscheinen. Mit ein wenig Recherche und diesen Faustregeln können Sie jedoch schnell und einfach Ihr Weltportfolio mit geeigneten Produkten füllen. Mit regelmäßigem Rebalancing verhindern Sie, dass sich das Risikoprofil Ihres Portfolios verschiebt.

Nach der erfolgreichen Zusammenstellung Ihres Weltportfolios sollten Sie nur noch auf eines achten: Um langfristig erfolgreich zu sein, müssen Sie die Struktur Ihres Portfolios regelmäßig wieder auf die ursprüngliche Gewichtung der Aktien zurückfuhren. Über längere Zeiträume hinweg verschiebt sich die Struktur Ihres Weltportfolios, weil die einzelnen Aktien unterschiedliche Renditen abwerfen.

Schwellenländerfonds zum Beispiel wachsen in der Regel schneller als andere Produkte und nehmen daher mit der Zeit einen größeren Anteil Ihres Portfolios ein. Je größer ihr Anteil ist, desto höher ist aber auch das Gesamtrisiko. Diese Verschiebung des Risikoprofils können Sie durch gezieltes Rebalancing ausgleichen.

Um das schnellere Wachstum der risikoreichen Schwellenländerfonds auszugleichen, sollten Sie etwa alle zwei Jahre den Anteil der wachstumsschwächeren Produkte mit frischem Geld ausgleichen. Idealerweise verwenden Sie aktuelle Ausschüttungen aus den Indexfonds oder aktuelle Sparbeträge, um zusätzliche Anteile dieser Produkte zu kaufen. Auf diese Weise stellen Sie Ihr ursprüngliches Gleichgewicht von risikoreichen und risikofreien Anteilen wieder her und sparen Transaktionskosten, indem Sie aktuelle Gewinne sofort wieder investieren.

Man könnte nun annehmen, dass die Gesamtrendite wieder sinken würde, wenn der relative Anteil der risikoreichen Anlagen reduziert wird, da diese ebenfalls überdurchschnittliche Renditen abwerfen. Tatsächlich aber führt die Umschichtung von Anlageklassen aufgrund des statistischen Effekts der „Regression zum Mittelwert" oft zu einem Anstieg der Renditen.

Die hohen Renditen der Schwellenländeraktien führen zu einem überdurchschnittlichen Plus und damit zu neuen Risiken. Der positive Effekt der Regression zum Mittelwert, der das Portfolio wieder auf den Marktdurchschnitt bringt, wird in der Literatur als „Rebalancing-Bonus" bezeichnet.

Ein wachsendes Weltportfolio bedarf also der Pflege. Sorgfältiges Rebalancing sorgt dafür, dass das Risikoniveau gleichbleibt und Sie sich keine Sorgen um Ihre Investitionen machen müssen.

Lernen Sie, Marktzyklen zu beherrschen

Gewinnen Sie ein sensibles und lukratives Verständnis für kurzfristige Marktzyklen. Howard Marks ist eine

Investment-Legende mit seiner eigenen Vermögensverwaltungsfirma und über 40 Jahren Erfahrung in diesem Geschäft. Was glauben Sie, welche Frage ihm seine Kunden am häufigsten stellen? Die ist eigentlich ganz einfach: Wie weiß ich, wann ich kaufen und wann ich verkaufen muss, um am besten von Marktentwicklungen zu profitieren?

Antworten auf diese und viele andere Fragen zum Thema Geldanlage erhalten Sie in diesem Ratgeber:

- Wann lohnt es sich noch, im Aufschwung einzusteigen und wann fange ich nach einer Krise wieder an zu investieren?
- Und wie gehe ich mit kurzfristigen Kursschwankungen um?

Sie erfahren, warum Volkswirtschaften und Märkte rund um den Globus langfristig wachsen, kurzfristig jedoch immer mal wieder verrückt spielen. Sie erfahren auch, welche Signale als wertvolle Stimmungsbarometer dienen und wie Sie mit kühlem Kopf erfolgreich antizyklisch investieren können. Investoren probieren, möglichst hohe Werte zu möglichst niedrigen Preisen zu kaufen. Wie meistern Sie Marktzyklen? Es gibt kaum eine Frage, die Star-Investor Howard Marks häufiger gestellt wird - sowohl von erfahrenen Investoren als auch von blutigen Anfängern. Fangen wir also ganz am Anfang an.

Investoren legen Geld in Wertpapiere an. Die Auswahl ihrer Wertanlagen nennen sie Portfolio, von dem sie hoffen, dass es im Laufe der Jahre möglichst viel an Wert gewinnt. Doch woher wissen sie, welche Investitionen im Wert steigen werden? Damit fängt es an: Sie wissen es nicht. Sie können nur spekulieren, raten, schätzen. Einige ihrer Schätzungen sind genauer als andere, jedoch können sie letztendlich nichts vorhersagen. Sie können nur probieren, die Kunst der begründeten Vermutungen zu üben.

Das ist leichter gesagt als getan. Angenommen, Sie sind ein Investor, warum sollten Sie in Ihren Annahmen richtiger sein als andere? Andere Investoren wissen wahrscheinlich genauso gut wie Sie über die wirtschaftlichen und geopolitischen Ereignisse Bescheid, die das Marktgeschehen beeinflussen: Kriege, Preisverfall oder bevorstehende technologische Innovationen. Sie schöpfen ihr Wissen mit großer Wahrscheinlichkeit aus denselben Nachrichten, Fachartikeln und Statistiken. Ihre Einschätzungen sind mit ziemlicher Sicherheit genauso gut wie Ihre.

Vergessen Sie also die langfristigen Prognosen. Konzentrieren Sie sich stattdessen auf das, was Marks als das „Wissbare“ bezeichnet. Nutzen Sie dieses konkrete und vorhandene Wissen für fundierte Einschätzungen der nahen Zukunft.

Zu dem, was Sie wissen können, gehören alle verfügbaren Informationen über den wahren Wert eines Assets. Stellen Sie sich vor, Sie wollen in ein Unternehmen investieren. Schauen Sie sich den Preis an, zu dem seine Aktien an der Börse gehandelt werden. Diesen realen Marktwert vergleichen Sie dann mit dem Kaufpreis der Aktien. Wenn der Kaufpreis niedriger ist als der Marktwert, sind Sie einem lukrativen Geschäft auf der Spur. Eigentlich ist Ihr Ziel ganz einfach: Sie wollen günstig einkaufen und dann warten, bis die Marktentwicklung den Wert in die Höhe treibt.

Nehmen wir zum Beispiel an, dass der Immobilienmarkt in eine Krise rutscht. Bauträger sind nicht in der Lage, ihre Kredite zu bedienen und müssen laufende Projekte aufgeben. In solchen Phasen können Sie sich mit etwas Glück Anteile an Immobilien sichern, deren Materialwert allein höher ist als der Preis, zu dem Sie kaufen.

Solche günstigen Gelegenheiten erhöhen die Wahrscheinlichkeit, dass Ihr Portfolio im Wert steigt. Einige Investoren würden jetzt sagen, dass es im Grunde nur darum geht, billig zu kaufen und teuer zu verkaufen. Marks glaubt jedoch, dass der überlegene Investor eine dritte Komponente im Auge hat: Finanzzyklen.

Finanzzyklen sind wie natürliche Zyklen, jedoch weniger vorhersehbar.

Lassen Sie uns auch hier wieder von vorne beginnen: Was ist ein Marktzyklus? Marks definiert den Marktzyklus als ein sich wiederholendes Muster im Markt - als eine sich ständig wiederholende Abfolge von Ereignissen. In der Natur gibt es unzählige solcher Zyklen: der Tag-Nacht-Wechsel, die Chronologie der Jahreszeiten, die Umlaufbahn des Mondes.

Nicht umsonst spricht man vom Menstruationszyklus der Frau. Diese natürlichen Zyklen laufen mit einer solchen Regelmäßigkeit und Zuverlässigkeit ab, dass wir ihnen in vielerlei Hinsicht einen Schritt voraus sein können: Sie können sich früh genug für den Winter warm anziehen und einen Wecker stellen, wenn Sie früh aufstehen müssen. Die Marktzyklen in der Wirtschafts- und Finanzwelt sind nicht annähernd so einfach vorherzusagen. Dies bedeutet jedoch nicht, dass es sie nicht gibt.

Stellen Sie sich zum Vergleich vor, die Erde würde sich nicht mit konstanter Geschwindigkeit um ihre eigene Achse drehen, sondern manchmal schneller oder langsamer. Niemand würde mit Sicherheit sagen können, wann es Tag oder Nacht wäre.

Dies ist mehr oder weniger der Fall bei den Marktzyklen. Niemand kann mit Sicherheit sagen, wann sich das strahlende Licht eines wirtschaftlichen Höhepunkts zu der unheilvollen Düsternis eines Preiseinbruchs verdunkeln wird. Langfristig mögen die Preise ähnlichen Kurven folgen, kurzfristig sind die Abweichungen jedoch nicht vorhersehbar.

Wir können daher in Bezug auf Wirtschafts- und Finanzzyklen niemals von Gewissheiten sprechen, sondern nur von Tendenzen. Eine Tendenz ist letztlich das, was nach den gebildeten Vermutungen und sorgfältigen Berechnungen eines informierten Anlegers passieren wird.

Wenn zum Beispiel ein langer Boom die Marktpreise und die Stimmung der Investoren auf Rekordhöhen gehoben hat, die nicht mehr gesteigert werden können, kommt es früher oder später unweigerlich zu einem Crash. Die Preise fallen und die Investoren werden ängstlich und pessimistisch. Wann dieser Zusammenbruch kommen wird und wie verheerend er sein wird, ist nicht vorhersehbar.

Dies bedeutet jedoch nicht, dass Sie als Investor Ihr Portfolio nicht schützen können, während die Marktblase wächst.

Die Zyklen der Finanzmärkte sind auf kurze Sicht völlig anders als auf lange Sicht. Mark Twain soll gesagt haben, dass sich die Geschichte nicht wiederholt, sie reimt sich. Etwas Ähnliches kann über die Zyklen der Finanzwelt gesagt werden. Sie verlaufen nie identisch, langfristig jedoch folgen sie alle dem gleichen, sich wiederholenden Muster.

Lassen Sie uns dies an einem konkreten Fall verdeutlichen. Die sogenannte „Dotcom-Blase", die im Jahr 2000 geplatzt ist, ist ein eindrucksvolles Beispiel für einen Boom-Bust-Zyklus, d.h. das Anschwellen und Platzen einer Spekulationsblase.

Folgendes ist passiert: Mitte der 1990er Jahre schlug das Internet ein wie eine Bombe. Die Finanzwelt versprach sich gigantische Gewinne rund um den Globus. Risikokapitalgeber pumpten riesige Mengen an Kapital in neue Online-Unternehmen, die überall wie Pilze aus dem Boden schossen. Das einzige Problem war, dass die meisten von ihnen wenig Aussicht auf Erfolg hatten.

In der anfänglichen Euphorie schossen die Aktien in nie dagewesene Höhen und die Risikokapitalgeber verzeichneten dreistellige Wertsteigerungen. Das lockte noch mehr Kapital an, das zur Gründung weiterer Internet-Agenturen genutzt wurde. Es bildete sich eine riesige Blase. Am Ende konnte sich nur ein kleiner Teil dieser Unternehmen am Markt etablieren. Der Rest ging in

Konkurs. Viele Risikokapitalgeber verloren ihre gesamten Investitionen und die Aktienkurse stürzten ab. Die Blase war geplatzt.

Wenn Sie diese Entwicklung der Märkte in einem Diagramm darstellen wollten, bekämen Sie so etwas wie die Form einer Kirchturmspitze. Die Risikokapitalinvestitionen schossen 1999 abrupt in die Höhe, erreichten im Jahr 2000 ihren absoluten Höhepunkt und fielen dann am Ende desselben Jahres abrupt. Das zeigt sich, wenn man nur die kurzfristige Entwicklung zwischen 1999 und 2001 betrachtet.

Seitdem hat sich der Venture-Capital-Markt jedoch weitgehend erholt. Wenn Sie dieselbe Grafik bis 2018 verlängern, sehen Sie, dass die Preise jetzt mehr als halb so hoch sind wie zu ihrem absoluten Höhepunkt im Jahr 2000. Langfristig gesehen ist der Venture-Capital-Markt also in den letzten 20 Jahren gewachsen, auch wenn es zwischendurch wilde Aufs und Abs gegeben hat.

Die meisten Märkte, Branchen und Unternehmen folgen genau diesem Muster, auch wenn die Ausschläge vielleicht weniger extrem sind. Im Durchschnitt steigen sie alle allmählich im Wert. Dieser Trend zu einem positiven langfristigen Wachstum ist im Englischen als säkulare Wachstumsrate bekannt. Was genau jedoch bewirkt, dass diese langfristige Steigrate zwischendurch so stark schwankt?

Der wichtigste Faktor hinter kurzfristigen Marktschwankungen ist die Anlegerpsychologie

Die meisten von uns kippen in unserem täglichen Leben selten abrupt von einem emotionalen Extrem ins andere. Sicher, wir haben gute und schlechte Tage, jedoch taumeln wir nicht zwischen frenetischen Hochs und abgrundtiefer Verzweiflung, oder nur selten. Es mag also zunächst überraschend klingen, dass genau solche bipolaren emotionalen Schwankungen der Hauptgrund für die kurzfristigen Ausschläge an den Märkten sind.

Es lohnt sich, einmal genauer hinzuschauen

In Phasen großen und rasanten Wachstums, wie z.B. dem des Internet-Booms zwischen 1995 und 2000, arbeiten sich die Anleger in einen regelrechten Rausch auf. Sie geben sich dem galoppierenden Glauben hin, dass Wachstum ewig ist.

Ob sie zu jung sind, um sich an die unvermeidlichen Kurseinbrüche vergangener Zyklen zu erinnern, oder zu zuversichtlich in das Potenzial neuer Märkte, am Ende ignorieren sie das Wissen um das Auf-und-Ab-Muster in dem euphorischen Glauben, dass dieses Mal alles anders sein wird.

Die Euphorie breitet sich wie ein Lauffeuer aus. Andere Investoren werden hineingesaugt und kaufen Aktien, bis die Preise weit über dem Wert der langfristigen Wachstumskurve liegen. Trotzdem springen immer mehr Anleger auf den Zug auf, weil sie Angst haben, die fetten Gewinne des Booms zu verpassen oder das Platzen der Blase wirklich nicht kommen sehen.

Irgendwann greift dann die Angst um sich. Die ersten Investoren werden sich bewusst, dass die Preise viel zu hoch gestiegen sind und die Stimmungskurve sich ihrem Scheitelpunkt nähert. Sie beginnen, ihre Aktien zu verkaufen und drücken die Preise nach unten, was wiederum andere Investoren verunsichert. Kurz darauf verkaufen alle und die Preise fallen bis weit unter den Wert des langfristigen Wachstumstrends.

Zusammengefasst liest sich das so einfach und schlüssig, jedoch ist es im Moment selbst schwer, dem Rausch der Herde zu widerstehen. Selbst Isaac Newton, einer der klügsten und umsichtigsten Köpfe aller Zeiten, konnte sich seinem Sog nicht entziehen.

Im Januar 1720 war Newton Master of the Mint der englischen Krone und fungierte damit als eine Art Finanzminister. Zu dieser Zeit standen die Aktien der englischen Südsee-Kompanie bei 128 Pfund. Die euphorische Spekulation auf gigantische Gewinne im Südseehandel ließ die Preise in die Höhe schnellen. Newton erkannte, dass die Preise künstlich aufgeblüht waren und verkaufte seine Aktien im Wert von insgesamt 7000 Pfund.

Er sah den Beginn des Boom-Bust-Zyklus richtig voraus: Die Preise schossen bis Juni 1720 auf 1050 Pfund pro Aktie hoch und stürzten bis September wieder unter 200 Pfund. Die Sache ist jedoch die: Newton hat sich am Ende selbst vom Haken gelassen. Als er sah, wie alle um ihn herum saftige Gewinne einfuhren, kaufte er seine Aktien praktisch auf dem Höhepunkt der Kursentwicklung zurück und verlor schließlich alles - insgesamt mehr als 20.000 Pfund, als die Kurse kurz darauf einbrachen.

- Es ist am besten, zu investieren, wenn das Risiko hoch ist und zu verkaufen, wenn das Risiko gering erscheint.
- Es ist also wichtig, dem Sog des Gewinnwahns zu widerstehen.
- Genauso wichtig ist es aber auch, in Krisenzeiten nicht in Depressionen zu verfallen.

Investoren rund um den Globus verfolgen täglich die kleinsten Schwankungen an den Märkten. Die wenigsten haben ein Auge auf die Signale, die ihnen etwas über ihre eigene Position im Anlageumfeld sagen. Erfahrene und selbstbewusste Investoren hingegen achten auf solche Details.

Im Wahnsinn und der Gier des Aufschwungs vergessen viele Anleger alles, was sie über Risiken wissen. Sie kaufen frenetisch weiter, auch wenn die Preise längst zu hoch sind und die Wahrscheinlichkeit eines Kurseinbruchs am größten ist.

Dabei gibt es ganz konkrete Warnsignale: Je höher der Aufschwung, desto geringer sind die Renditen bei riskanten Anlagen. Im kollektiven Überschwang der Käufer können die Verkäufer hohe Preise zu lausigen Risikoprämien verlangen, was das Verlustrisiko der Anleger noch weiter in die Höhe treibt. Spätestens bei Phrasen wie „Der Markt kann gar nicht zusammenbrechen" oder „Diesmal ist es anders" sollten bei Ihnen die Alarmglocken schrillen.

Mit anderen Worten: Lassen Sie sich nicht verrückt machen. Das gilt auch für das umgekehrte Szenario nach einem Kurseinbruch oder Crash. Die Anleger sind plötzlich hoffnungslos und verängstigt. Jeder, der etwas verloren hat, hält sich zurück und geht davon aus, dass der Markt nun für immer in Schockstarre verfallen wird.

Doch das sind die besten Voraussetzungen für lukrative Investitionen! Die Ausfallrisiken sind gering und die Risikoprämien so hoch wie die Wahrscheinlichkeit eines bevorstehenden Aufschwungs.

Zusammengefasst bedeutet dies, dass Sie antizyklisch investieren müssen. Wenn jeder denkt, dass das Risiko beim Investieren am niedrigsten ist, ist es in Wirklichkeit am höchsten. Sie gehen das niedrigste Risiko ein, wenn jeder denkt, das Risiko sei hoch.

Howard Marks hat 2010 selbst von diesem Ansatz profitiert

Nach der Finanzkrise der Jahre 2007 und 2008 war der Bausektor praktisch zum Erliegen gekommen. Die Zahl der neu begonnenen Bauprojekte war 2010 sogar auf dem niedrigsten Stand seit 1945, als die Auswirkungen des Zweiten Weltkriegs den Immobilienmarkt belasteten.

Dabei waren viele Menschen durchaus auch 2010 am Bau eines Eigenheims interessiert. Der wichtigste Parameter war daher das Verhältnis von Neubauprojekten zur Bevölkerung, und dieses Verhältnis war 2010 nur noch halb so hoch wie 1945. Die Marktsituation war schlecht, jedoch deutete die Statistik darauf hin, dass die Nachfrage nach Bauprojekten steigen würde. Entgegen der vorherrschenden Meinung, dass sich der Bausektor für lange Zeit nicht erholen würde, kauften Marks und seine Partner eines der größten privaten Bauunternehmen Nordamerikas. Es war eine Investition, die sich mehr als ausgezahlt hat.

Langfristig wächst die Wirtschaft durch die Gesamtzahl aller geleisteten Arbeitsstunden und die Produktivität pro Arbeitsstunde. Nun könnte all dies zu einer Frage führen: Wenn die säkulare Wachstumsrate, d.h. das langfristige Wirtschaftswachstum, immer positiv ist, könnten Sie dann nicht einfach Ihr Geld für sich arbeiten lassen, während sich die kurzfristigen Kapriolen der Preise zu Ihren Gunsten ausgleichen?

Leider ist es nicht so einfach. Langfristiges Wirtschaftswachstum durchläuft ebenfalls bestimmte Zyklen. Sie sind nur viel länger und daher schwer zu überblicken. Jedoch gibt es auch hier ein paar Kennzahlen, die Orientierung geben.

Ein Beispiel ist die langfristige Entwicklung des Bruttoinlandsprodukts (BIP) der USA. Das BIP kann wie folgt berechnet werden: Die Anzahl aller insgesamt in der Volkswirtschaft geleisteten Arbeitsstunden werden mit dem Ergebnis der Arbeitsleistung pro Stunde multipliziert. Das bedeutet, dass ein Land sein BIP auf genau zwei Arten erhöhen kann. Entweder es erhöht die Anzahl aller geleisteten Arbeitsstunden oder es erhöht die Produktivität pro Stunde.

Der einfachste Weg ist, die Anzahl der geleisteten Arbeitsstunden in einem Land zu erhöhen, indem man die Zahl der Arbeitskräfte erhöht. In der Tat korreliert das BIP-Wachstum fast immer mit dem Bevölkerungswachstum. Nach dem Zweiten Weltkrieg zum Beispiel wuchs die Bevölkerung in den USA rasant. Die Phase ist auch hierzulande als Baby-Boom bekannt. Als die zwischen den 1940er und 1960er Jahren geborenen Kinder erwerbsfähig wurden, erlebte die US-Wirtschaft enorme Wachstumsraten. Es gab einfach mehr erwerbsfähige Arbeitskräfte auf dem Markt. Die Zunahme der geleisteten Arbeitsstunden erhöhte wiederum das Wirtschaftswachstum.

Das BIP-Wachstum durch eine Steigerung der Arbeitsproduktivität hängt wiederum vom technischen

Fortschritt ab. Ab 1800 ersetzten dampf- und wasserbetriebene Maschinen menschliche Arbeitskräfte in verschiedenen Bereichen und erhöhten die Arbeitsproduktivität um ein Vielfaches. Arbeitsprozesse, die zuvor in kleinen Betrieben von Hand erledigt worden waren, wurden nun in Windeseile durch die Maschinen großer Fabrikhallen geschleust. Das Ergebnis war ein gigantisches Wirtschaftswachstum.

Das Bruttoinlandsprodukt der USA wächst seit Jahrzehnten mit einer durchschnittlichen Rate von zwei bis drei Prozent pro Jahr. Wohlgemerkt, das ist das durchschnittliche, langfristige Wachstum. Trotzdem kann es zwischendurch immer wieder Krisen geben, von denen sich die Wirtschaft manchmal jahrelang nicht erholt.

Auch die Variable der Geburtenrate kann durch verschiedene Einflüsse schwanken, z.B. durch Kriege, eine ungünstige Wirtschaftslage oder gesellschaftliche Entwicklungen wie die jüngste Tendenz junger Menschen, ihre Familienplanung aufzuschieben. Langfristig kann ein solcher Rückgang der erwerbsfähigen Arbeitskräfte durchaus zu einem wirtschaftlichen Einbruch führen.

Verlassen Sie sich also nicht auf das kurzfristige Versprechen einer rosigen Zukunft, die vielleicht nie eintritt. Deshalb achten überlegene Investoren sehr genau darauf, wie sie kurzfristige Marktzyklen am klügsten einschätzen.

Penny Stocks, Anleihen und Gold sind alternative Möglichkeiten, Ihr Kapital zu investieren

Neben dem sofortigen Kauf von Aktien und dem Erwerb von Aktien über Fonds gibt es natürlich noch eine ganze Reihe weiterer Anlagemöglichkeiten. In diesem Ratgeber möchten wir uns einige davon ansehen.

Beginnen wir mit Anleihen. Sie können sich an einem Unternehmen nicht nur beteiligen, indem Sie einen Teil davon kaufen, also Aktionär werden, sondern auch, indem Sie eine Anleihe des besagten Unternehmens erwerben.

Während ein Unternehmen sein Eigenkapital durch den Verkauf von Aktien erhöht, gelten Anleihen als Fremdkapital. Die Devisen bleiben die ganze Zeit Ihr Eigentum, Sie verleihen sie allein. Daher verdienen Sie die Devisen ausschließlich durch die Zinsen, die das Unternehmen an Sie zahlt, weil Sie ihm Ihr Kapital geliehen haben. Diese Zahlung wird nicht durch den Kurs des Unternehmens beeinflusst. Anleihen haben den Ruf, sicherer als Aktien zu sein, weil sie keinen Kursschwankungen unterliegen. Seien Sie jedoch vorsichtig: In der amerikanischen Bankenkrise 2007/2008 haben die Anleger ihre Hypothekenanleihen nicht von den Banken zurückbekommen. Die Banken hatten sich kurzerhand massiv verspekuliert, und die Devisen unzähliger Anleger waren verloren.

Gold und Silber gelten ohnehin seit Jahrzehnten als konkurrenzlos, trotzdem sind sie immer noch lukrativ.

Wenn die Inflationsrate steigt oder der Aktienmarkt in der Krise ist, sollten Sie trotzdem Edelmetalle erwerben, egal ob in Barren- oder Münzform. Goldexperten raten, 5 bis 10 Prozent Ihres Vermögens in Edelmetalle zu investieren.

Penny Stocks sind eine alternative Möglichkeit. Penny Stocks sind Aktien, die weniger als einen Euro wert sind. Sie scheinen ausschließlich deshalb interessant zu sein, weil man für eine Aktie keinen nennenswerten Betrag bezahlen muss und zudem die Möglichkeit besteht, dass sich der Aktienkurs regeneriert - und es kann nicht relativ viel weiter nach unten gehen. Außerdem hat eine marginale Veränderung des Aktienkurses von einigen Cent längst immense prozentuale Auswirkungen. Gerade deshalb sind Penny Stocks so riskant, sie ähneln oft dem reinen Poker. Sie verkommen schnell zum Spielball von Spekulanten und werden folgerichtig aus dem Index der US-Tech-Börse Nasdaq geworfen.

Für Sie als Investor sind sie riskant, weil sich niemand mit einigen dieser Aktien eindeckt. Nur weil Sie mit fünf teuren Alphabet-Aktien in Ihrem Portfolio zufrieden sind, heißt das nicht, dass Sie ausschließlich fünf Penny Stocks kaufen. Es ist nicht unüblich, genauso viel zu investieren wie in hochwertige Aktien, die dennoch deutlich weniger Schwankungen unterliegen, allein schon wegen der Transaktionsgebühren.

In jedem Fall gilt: Bleiben Sie cool - und passen Sie bei den Steuern auf

Kommen wir zurück zur richtigen Strategie, in unserem Fall der Hoch-Tief-Mut-Strategie. Um sie richtig ausführen zu können, brauchen Sie neben Mut vor allem eines: eine ruhige Hand.

Denn genauso, wie Sie von einem Crash profitieren können, weil Sie unterbewertete Aktien günstig kaufen, kann Sie ein Crash auch ganz allein treffen. Mehr noch: Es ist ziemlich wahrscheinlich, dass er Sie trifft. Denn der nächste Aktien-Crash ist unvermeidlich - und wissenschaftlich erwiesen. Wenn es also bergab geht, gilt für Sie Folgendes: Bewahren Sie einen kühlen Kopf und vermeiden Sie überstürzte emotionale Entscheidungen. Auf keinen Fall sollten Sie aus Angst und Panik heraus kaufen oder verkaufen. Atmen Sie tief durch, lassen Sie die Herde tun, was sie tut, und treffen Sie erst dann eine Entscheidung.

Es ist kaum zu überschätzen, wie außergewöhnlich die Psychologie des Börsenhandels ist. In Phasen der Euphorie werden in der heutigen Zeit die ersten negativen Meldungen immer wieder ignoriert. In Crash-Phasen ist es genau umgekehrt: Aktionäre verkaufen ihre Wertpapiere in Panik, ohne z.B. zu berücksichtigen, dass das Unternehmen eigentlich gesund ist und sich mit der Zeit wieder erholen wird.

Und genau das können Sie sich zunutze machen. Wir haben Ihnen im Kapitel über die Hoch-Tief-Mut-Strategie gezeigt, dass es auf den Kontext ankommt. Daher sollten Sie immer die aktuelle Stimmung berücksichtigen. Denn möglicherweise ist daraufhin, wenn zusätzlich verkauft wird, genau der richtige Zeitpunkt, sich mit ausgesprochen preiswerten Aktien einzudecken. Was zurzeit trotz allem nicht heißt, dass Sie blind zuschlagen sollten. Qualitätsmerkmale gelten auch in der Krise, eine Aktie ist nicht ausschließlich deshalb in Ordnung, weil sie niedrig steht.

Einen kühlen Kopf zu bewahren, kann Ihnen im Zuge all dessen auch helfen, Steuern zu sparen. Wie werden jedoch Aktien real besteuert? Generell müssen Sie bei Kapitalerträgen und Dividenden eine Abgeltungssteuer von 25%, den Solidaritätszuschlag und ggf. Kirchensteuer zahlen. Die Abgeltungssteuer hat ihren Namen von der Tatsache, dass Ihre Erträge mit einer separaten Pauschalzahlung versteuert und damit abgegolten werden. Die Steuer gilt jedoch nur für Aktien, die Sie seit Anno 2009 gekauft haben. Ein Verkauf von älteren Aktien ist steuerfrei. Wenn Sie ein solches altes Depot mit guten Aktien haben, sollten Sie es nicht überstürzt verkaufen. Sie sollten es viel mehr wie einen Schatz hüten.

Zusammenfassung: Die Kernaussage

Sie sollten Ihr Kapital nicht ungenutzt auf der Bank liegen lassen. Aktien sind ein guter, jedoch nicht der einzige Weg, um eine anständige Rendite zu erzielen. Allein durch Dividenden können Sie Renditen von bis zu 5% und mehr erzielen, je nach Kursentwicklung. Auch passive Indexfonds oder Anleihen können für Sie von Interesse sein. Wichtig ist, dass Sie in Krisenzeiten ruhig bleiben. Daraufhin können Sie mit der High-Low-Courage-Strategie gutes Kapital verdienen.

Was Sie wirklich direkt umsetzen können:

Legen Sie ein fiktives Musterdepot an, bevor Sie echtes Forex probieren. Bevor Sie richtig loslegen und ein echtes Portfolio aufbauen, könnten Sie ein halbes Jahr lang an der Börse herumspielen. Das kann eine Menge Spaß machen - Sie sollten jedoch von Anfang an seriös sein und alle Ihre Käufe, Verluste und sonstigen Entscheidungen aufschreiben, damit Sie später sehen können, was Sie falsch gemacht haben. Schreiben Sie auch auf, warum Sie zu einem bestimmten Zeitpunkt in ein Unternehmen investiert haben.

Was ist für Sie drin: Bitcoins endlich verstehen

Lange Zeit waren die Gespräche über Kryptowährungen im wahrsten Sinne des Wortes sehr kryptisch, wenn es um das Phänomen ging, das sich gewissermaßen durch die nerdige Hintertür auf den Finanzmarkt drängte. Dank der immensen Wachstumsraten von Bitcoin kann jedoch heute kaum ein Investor oder Anleger ignorieren, dass es sich um eine der innovativsten und interessantesten Möglichkeiten handelt, Geld zu verdienen.

Dieser Abschnitt ist der Grundkurs in Sachen Kryptowährungen

Wenn Sie in Kryptocoins investieren wollen, müssen Sie sich durch eine Menge Fachbegriffe und technisches Fachwissen kämpfen. Sie erklären die wichtigsten technischen Grundlagen zum Thema und geben Ihnen praktische Hinweise und Tipps, worauf Sie beim Investieren in digitale Währungen achten sollten. Außerdem werden Sie lernen:

- wie Blockchain vielleicht schon bald Ihren Kühlschrank füllt
- was der Unterschied zwischen einer Wallet und einer Bitcoin-Wallet ist
- was mit Bitcoins im Jahr 2139 passieren wird

Die Idee hinter Kryptowährungen ist, dass ein Geldsystem dezentral und dennoch fälschungssicher organisiert werden kann. Lassen Sie uns eine gedankliche Reise zurück ins Jahr 2008 machen: Der Aktienmarkt befindet sich in den Nachwehen der Finanzkrise und liegt damit noch ziemlich in Trümmern. Regierungen, Investoren und die Finanzwelt taumeln gleichermaßen von dem enormen Einbruch und den dramatischen Verlusten, die eingetreten waren. In diese Leere der Ungewissheit hinein entwickelt jemand unter dem Pseudonym Satoshi Nakamoto die erste Kryptowährung, Bitcoin, und kündigt die Erfindung über eine Kryptographie-Mailingliste an. Bis heute weiß niemand, wer oder wie viele Personen hinter Satoshi Nakamoto stecken. Was steckte hinter Nakamotos Idee?

In unserem aktuellen Finanzsystem verlassen sich Regierungen und Geschäftsbanken auf zentralisierte Instanzen wie die Zentralbanken. Diese entscheiden, wie viel neues Geld in Umlauf gebracht wird und wer wie viel Geld geliehen bekommt. Dieser Prozess soll zu einer Stabilisierung des jeweiligen Wirtschaftssystems beitragen, führt jedoch unweigerlich auch zu einem kontinuierlichen Wertverlust durch das Nachdrucken von Geld. Dies schadet allen Anlegern, die ihr Geld mühsam gespart oder in diese

Währung investiert haben. Besonders problematisch sind Zentralwährungen auch in Ländern, in denen es viel Korruption gibt, da das Geld dort großen Wertschwankungen unterliegt und somit zur Instabilität des Systems beiträgt.

Mit der Erfindung der Kryptocoins wurde dem Bankensystem die monopolisierte Macht über das Geld entrissen, denn plötzlich können die Menschen ein Geldsystem direkt, dezentral und anonym betreiben, ohne auf Mittelsmänner, Zentralwährungen und vor allem Banken angewiesen zu sein.

Doch der Wegfall von Kontrollinstanzen macht ein solches digitales System natürlich anfällig für Manipulationen oder Hacking-Versuche. Und wer soll eigentlich überwachen, dass alles mit rechten Dingen zugeht? Genau aus diesem Grund wurde bei der Einführung von Kryptocoins besonderes Augenmerk auf die Manipulationssicherheit gelegt, indem technische Grundlagen geschaffen wurden, die schwer zu knacken sind und gleichzeitig eine staatliche Überwachung überflüssig machen. Wir haben es also mit einer Technologie zu tun, die den direkten Austausch zwischen Nutzern ohne einen zentralen Vermittler wie Staaten oder Banken ermöglicht. Und diese Technologie hat auch einen Namen: Blockchain. Was genau sich dahinter verbirgt, erfahren Sie im nächsten Abschnitt.

Die dezentralisierte und fälschungssichere Organisation wird durch die Blockchain-Technologie ermöglicht

Die Blockchain ist die wichtigste Erfindung von Satoshi Nakamoto und das Herzstück jeder Kryptowährung. Wörtlich gelesen ist sie eine Kette von Blöcken. Was verbirgt sich hinter diesem Bild?

Ein sogenannter Block besteht aus Informationen über alle Transaktionen mit einer Währung, die in den letzten zehn Minuten weltweit getätigt wurden. Nach Ablauf dieser Zeit werden die Daten zu einem Block zusammengefasst und auf den Rechnern aller Netzwerkteilnehmer wie eine Art Kontobuch gespeichert - natürlich in anonymisierter Form. Da jede unregelmäßige Veränderung direkt von den Benutzern bemerkt würde, ist das System praktisch fälschungssicher.

Eine weitere Bedingung für den Abschluss eines Blocks ist, dass die Konten aller Personen, die Transaktionen getätigt haben, abgedeckt sind. Dies wird automatisch von einem Computerprogramm überprüft, wenn der Block an die Kette angehängt wird. Da die Anzahl der Transaktionen innerhalb eines Blocks begrenzt ist - bei Bitcoin z.B. 4.200 - kann es zu einer Warteschlange und damit zu Verzögerungen im Ablauf kommen. Deshalb werben die Konkurrenten von Bitcoin wie Litecoin, Dash oder Monero damit, dass sie schneller sind.

Im Grunde ist eine Blockchain also nichts anderes als eine Datenbank, die an vielen verschiedenen Orten gleichzeitig gespeichert und sichtbar gemacht wird. Dies funktioniert ähnlich wie das Peer-to-Peer-Filesharing, das z.B. bei der BitTorrent-Technologie verwendet wird: Es gibt keinen zentralen Speicherort, sondern die vielen Computer im Netzwerk bilden gemeinsam den Speicherplatz. Dadurch entsteht das Prinzip der Dezentralisierung bei Kryptowährungen. Jeder, der eine Kopie der Datenbankdatei heruntergeladen hat, bietet sie wiederum anderen Benutzern zum Download an. Wenn die Datenbank aktualisiert wird, d.h. neue Blöcke angehängt werden, wird die aktualisierte Datei ebenfalls über das Internet an die Benutzer verteilt.

Das erklärt also den Namen der Blockchain und welche Form der Informationssicherheit und gleichzeitigen Verbreitung sie beinhaltet. Doch warum genau sollte man Geld in Kryptowährungen überhaupt mit einem solchen System verwalten? Oder um es anders zu formulieren: Wie kommt der Bitcoin zu seinem hohen Wert?

Angebot und Nachfrage bestimmen den Wert einer Kryptowährung

Bitcoin und Ethereum, eine verwandte Kryptowährung, haben ihren Wert bereits um das Tausendfache gesteigert: War ein Bitcoin im Jahr 2011 nur drei Euro wert, ging er 2017 bereits für ganze 3.000 Euro über die virtuelle Ladentheke. Doch wie ist ein solcher Wertzuwachs für eine virtuelle Währung, die quasi aus der Luft gegriffen ist, überhaupt möglich?

Alles begann am 22. Mai 2010 mit zwei Pizzen. Bis dahin war ein Bitcoin nur ein paar Bruchteile eines Cents wert. An diesem Tag jedoch fand Laszlo Hanyecz, ein Programmierer aus Florida, nach seinem Online-Anruf jemanden, der für ihn zwei Pizzen gegen 10.000 Bitcoins bestellte und liefern ließ - das erste Mal, dass es einen realen Tauschwert für Bitcoins gab. Das liegt daran, dass eine Kryptowährung und die Technologie dahinter physisch wertlos sind. Jeder könnte den Bitcoin-Code, der offen zugänglich ist, einfach kopieren und unter einem anderen Namen als neue Währung weiterführen. Solange jedoch niemand diese Währung nutzt, bleibt sie wertlos.

Kryptowährungen erlangen also erst dann ihren Wert, wenn sie tatsächlich als Geld verwendet werden und die Teilnehmer damit Dinge kaufen können. Mehr als 7.000 Geschäfte weltweit akzeptieren inzwischen Bitcoin als Zahlungsmittel, und die 10.000 Bitcoins, mit denen Laszlo Hanyecz seine Pizza bezahlte, sind heute mehrere zehn Millionen Dollar wert.

Theoretisch könnte man mit digitalen Währungen, insbesondere mit Kryptowährungen, beliebig viel Geld generieren, sodass jeder von der Wertsteigerung profitieren kann. Dies birgt jedoch die Gefahr einer Inflation. Um diesen Effekt zu verhindern, hat der Erfinder des Bitcoin, Satoshi Nakamoto, die Vermehrung von Anfang an gestoppt. Er legte fest, dass insgesamt nur genau 21 Millionen Bitcoins, gestaffelt in festen Einheiten, in Umlauf gebracht werden sollten. Im Moment sind das noch 12,5 Bitcoins alle zehn Minuten, jedoch wird diese Zahl in den nächsten Jahren allmählich sinken und die letzten Bitcoins werden spätestens im Jahr 2139 ausgegeben. Mit dieser vordefinierten Grenze kann eine Inflation, unter der die Stabilität herkömmlicher Währungen so sehr leidet, verhindert werden. Doch wie genau bezahlen Sie mit Bitcoins? Was Sie brauchen, ist eine sogenannte Wallet. Der Zugriff auf eine Kryptowährung funktioniert ähnlich wie der Zugriff auf ein Bankkonto.

Bevor Sie Geld einer Kryptowährung kaufen können, benötigen Sie eine Art digitalen Bankzugang. In der Welt der Kryptocoins wird dies als Wallet bezeichnet, ist jedoch im Endeffekt eher mit einem Schlüsselbund vergleichbar, das Ihren Zugang verwaltet.

Um Transaktionen mit einer Kryptowährung durchzuführen, benötigen Sie zwei verschiedene, für dieses Konto jedoch gleiche Schlüssel, einen privaten und einen öffentlichen Schlüssel. Mit ihnen beweisen Sie, dass Sie mit der jeweiligen Überweisung einverstanden sind. Im Prinzip bestehen beide Schlüssel einfach aus langen Zahlenkombinationen, die auch als QR-Code ausgegeben und sogar als „Paper Wallet" ausgedruckt werden können. Der erste dieser beiden Schlüssel, der private Schlüssel, ist grundlegend für Ihren Zugriff auf die Kryptowährung und ist streng geheim. Es ist wichtig, ihn zu hüten wie Ihren Augapfel - so wie Onkel Dagobert den einzigen Schlüssel zu seinem Goldtresor hüten würde.

Der private Schlüssel funktioniert ähnlich wie eine immer gleiche TAN oder - in den Zeiten vor dem Online-Banking - einfach Ihre Unterschrift. Sie verwenden ihn, um alle Ihre Transaktionen zu verifizieren. Wenn Sie Ihren privaten Schlüssel verlieren, können Sie keine Käufe oder Überweisungen mehr tätigen und somit auch nichts mehr mit Ihrer Kryptowährung anfangen.

Und wenn jemand anderes im Besitz dieses Schlüssels ist, kann er Ihr gesamtes Geld sofort auf ein anderes Konto überweisen. Da die Kontrollinstanz einer Bank bei digitalen Währungen entfällt, gibt es kein Sicherheitsnetz, das Ihr Konto sperren oder Ihnen anderweitig helfen könnte. Es ist also Vorsicht geboten!

Der zweite Schlüssel ist der öffentliche Schlüssel - eine Zahlenkombination, die Sie und Ihr Konto für andere Nutzer identifizierbar macht, im Grunde vergleichbar mit einer klassischen Kontonummer. Er ist eng mit dem privaten Schlüssel verknüpft. Er kann jedoch nicht dazu verwendet werden, den privaten Schlüssel auszulesen und damit Ihre „Signatur" einfach zu fälschen. Mit diesem öffentlichen Schlüssel können andere Personen nur prüfen, ob eine Überweisung von Ihnen stammt.

Jetzt haben Sie also Zugriff auf Ihr Konto. Es ist jedoch noch leer. Das werden wir im nächsten Schritt ändern!

Kryptocoins können auf Internetportalen oder von Privatpersonen erworben werden

Bitcoins kann man natürlich nicht auf der Straße finden. Und Sie können Ihr herkömmliches Geld auch nicht einfach bei der örtlichen Reisebank in eine Kryptowährung umtauschen. Es gibt jedoch verschiedene Möglichkeiten, in das Internet-Geldgeschäft einzusteigen.

Der einfachste und institutionelle Weg ist der Kauf über einschlägige Internetportale wie z.B. kraken.com oder bitstamp.net, die gesetzlich als Finanzdienstleister eingestuft sind und sich an staatliche Vorschriften, z.B. gegen Geldwäsche, halten müssen. Nachdem Sie hier Ihre Identität bestätigt haben, z.B. mit einem Ausweisfoto, können Sie Käufe und Verkäufe in verschiedenen Währungen tätigen. Interessanterweise gibt es Unterschiede bei den Wechselkursen zwischen den verschiedenen Portalen. Wenn Sie also geschickt mit dem Tausch von Währungen umgehen, können Sie hier kleine, schnelle Gewinne machen, ohne dass Sie zu viel spekulieren müssen.

Eine weitere Möglichkeit, an Kryptocoins zu kommen, ist der private Tausch mit anderen Nutzern. Hier muss allerdings sehr darauf geachtet werden, sich so weit wie möglich abzusichern. Am Telefon bis drei zu zählen und gleichzeitig auf „Transfer" zu drücken, reicht den meisten Menschen nicht aus.

Zum einen gibt es organisierte Treffen an einem bestimmten Ort, wo in geschützter Atmosphäre Käufe getätigt werden können. Zu Ehren des Bitcoin-Erfinders heißt eines dieser Treffen z.B. Satoshi Square, bei dem sich Benutzer zum Tausch verabreden. Satoshi-Square-Veranstaltungen werden mittlerweile an den verschiedensten Orten auf der ganzen Welt abgehalten. Andererseits sind solche „Kauftermine" auch in Internetforen zu finden, in Deutschland zum Beispiel auf bitcoin.de. Die Bezahlung erfolgt in der Regel per

Banküberweisung, die im Zweifelsfall auch wieder rückgängig gemacht werden kann.

Am besten wäre es doch, wenn Sie die Kryptowährung einfach direkt verdienen könnten, oder? Nun, wenn Sie Ihren Chef morgen bitten, Ihr Gehalt von nun an in Bitcoins zu zahlen, wird er Ihnen wahrscheinlich nicht viel mehr als einen schiefen Blick schenken. Eine Möglichkeit, Kryptocoins durch Leistung zu verdienen, gibt es jedoch. Wir werden sie im nächsten Abschnitt kennenlernen.

Mining ist eine Möglichkeit, Kryptowährung zu verdienen. Die Anzahl der Bitcoins ist auf 21 Millionen begrenzt, diese Zahl ist jedoch im Moment noch nicht erreicht. Doch wie generiert man eigentlich Bitcoins - und an wen geht die neu „gedruckte“ Kryptowährung?

Im Grunde ist es logisch: Eine Währung, die dezentral verwaltet wird, ist auf die Hilfe der Community angewiesen. Wie wir bereits wissen, werden bei Kryptowährungen alle Transaktionen und Aktualisierungen dezentral über das Rechennetzwerk der Teilnehmer durchgeführt und in einem Block auf der Blockchain gespeichert. Um die Sicherheit der Blockchain zu gewährleisten, müssen die Blöcke in sogenannte Hashes verschlüsselt werden. Die Rechenleistung für diesen Vorgang wird von den Minern bereitgestellt. Die verschiedenen Miner konkurrieren jeweils um die Verschlüsselung des nächsten Blocks, wissen jedoch nicht, wer am Ende den „Zuschlag“ erhält. Mit diesem Verfahren sichert sich das Währungssystem gegen Manipulationen ab.

Der Anreiz für die Miner, sich an dem Prozess zu beteiligen, besteht darin, direkt in Bitcoins bezahlt zu werden. Mit ehrlicher Mining-Arbeit verdienen sie also ehrliche Kryptowährung. Beim Mining müssen die Computer der Miner hochkomplizierte Berechnungen durchführen, die eine sehr hohe Rechenleistung erfordern. Daher lohnt sich das „Mining" nach Bitcoins nur mit spezialisierten, sehr leistungsfähigen Computern und Zugang zu billigem Strom. Wer die Berechnung als Erster löst, hat bewiesen, dass das Prinzip funktioniert - dies wird auch als Proof-of-Work-Verfahren bezeichnet – und erhält die Belohnung in Form einer festen Menge an Bitcoins, die genau in diesem Moment erzeugt werden.

Bei anderen Währungen wie Shadowcash, Peercoin oder zukünftige Ethereum liegt der Fokus auf den Benutzern, die bereits viel Geld in der jeweiligen Währung haben. Dieser Vorgang wird dann Proof-of-Stake genannt. Es wird hier auf das Interesse der „Reichen" spekuliert, ihre eigene Währung am Laufen zu halten. Diese Denkweise ist jedoch nicht besonders demokratisch. Apropos Demokratie: Mit den Denkmodellen rund um Kryptowährungen lassen sich auch ganz andere Themen angehen. Wie das funktionieren kann und wie Sie von diesen innovativen Ansätzen profitieren können, auch wenn Sie Bitcoins überhaupt nicht interessieren, erfahren Sie im nächsten Abschnitt.

Die Blockchain-Technologie findet auch außerhalb der internationalen Kryptowährungen immer mehr Anwendung

Die Blockchain-Technologie ist nicht nur im Hinblick auf die Entwicklung einer digitalen Währung revolutionär. Das System kann aufgrund seiner dezentralen und anonymen Struktur auf viele verschiedene Arten eingesetzt werden.

Eine Möglichkeit der Technologie abseits des internationalen Finanzmarktes ist der Ansatz der lokalen Kryptowährungen. Dabei handelt es sich um Blockchain-basierte Kryptowährungen, die in einem abgegrenzten Gebiet zusätzlich zur staatlichen Währung verwendet werden können und die lokale Wirtschaft unterstützen sollen. Das erfolgreichste Beispiel für eine lokale Kryptowährung ist der Tel Aviv Shekel.

In den Geschäften, die diese lokale Währung akzeptieren, können Sie mit dem lokalen Geld günstiger einkaufen als mit der staatlichen Währung. Dieser Rabatt ergibt sich aus dem Umtausch: Der Tel Aviv Shekel kann für 0,85 offizielle israelische Schekel gekauft werden, im Laden ist er jedoch genauso viel wert wie der offizielle Schekel. Der Benutzer weiß nichts von der kryptographischen Infrastruktur; er bezahlt seine Einkäufe in einer App, in der er einfach den Betrag und das Geschäft angibt und auf „bezahlen" klickt.

Neben Zahlungssystemen kann die Blockchain auch für die Verarbeitung von Computerprogrammen genutzt werden, wobei das Ethereum-System derzeit dominiert. Die

Krypto-Technologie kann sicherstellen, dass auch bei komplexen Programmen kein bösartiger Code eingeschleust wird. Ein solches Computerprogramm kann auch sehr einfache Anweisungen enthalten, wie z. B.: „Wenn der Kühlschrank leer ist, bestelle und bezahle automatisch neue Lebensmittel im Supermarkt!" Dies ist ein Beispiel für einen sogenannten „Smart Contract" - ein Vertrag, der von der Blockchain überwacht und realisiert wird. Durch die Dezentralisierung dieser Prozesse können die einzelnen Benutzer hier sicherstellen, dass kein bösartiger Code in das Programm gelangt und versehentlich viel zu viel von der Laktose freien Milch bestellt wird.

Blockchain vereinfacht also nicht nur das Geldsystem, sondern kann auch dafür sorgen, dass Ihr Kühlschrank immer voll ist!

Zusammenfassung: Die Kernaussage dieses Abschnitts

Das Weltwirtschaftsforum schätzt, dass bis 2025 ein Zehntel des weltweiten BIP in Form von Kryptowährungen zirkulieren wird. Bevor man jedoch in dieses vielversprechende Phänomen investiert, sollte man sich grundlegendes Wissen darüber aneignen. Und selbst wenn Sie nichts über solche Finanzinvestitionen wissen wollen, kann die Blockchain-Technologie eine Inspiration für die dezentrale Organisation verschiedenster Systeme und Netzwerke sein.

Was Sie konkret tun können: Besorgen Sie sich eine Wallet. Wenn Sie Kryptowährungen ausprobieren wollen, sollten Sie sich eine Software-Wallet zulegen, die auf Ihrem Computer und nicht ausschließlich online gespeichert wird. Ausführliche Informationen dazu finden Sie unter https://bitcoin.org/de/waehlen-sie-ihre-wallet.

Bleiben Sie informiert und beobachten Sie die Krypto-Welt weiterhin aufmerksam.

Auf deutschsprachigen Blogs über Kryptowährungen, wie z.B. coinspondent.de für Einsteiger oder dem anspruchsvolleren bitcoinblog.de, erfahren Sie immer das Neueste über Blockchain und Co., die natürlich noch mehr als alles andere einem ständigen und schnellen Wandel unterliegen.

Bonus-Kapitel: Das Mindset der finanziellen Intelligenz der Reichen erlangen

Wer träumt nicht davon, so reich zu sein, dass er nie wieder auch nur eine Nacht von Geldsorgen wachgehalten wird? Auch Sie können so leben, egal wie aussichtslos Ihre derzeitige Situation auch erscheinen mag. Denn Reichtum ist kein Geschenk des Himmels - er wächst wie Äpfel auf Bäumen. Sie müssen nur lernen, sie zu pflücken. In diesem Abschnitt werden Sie lernen, wie Sie genau das tun können!

Aufgrund der negativen gesellschaftlichen Denkweise wissen wir nicht genug über Finanzen

Würden Sie nicht gerne reich sein? Die meisten Menschen empfinden das so, zumindest insgeheim. Doch warum sind wir dann nicht alle reich? Es wäre doch genug für alle da! Das liegt zum einen daran, dass unsere Öffentlichkeit ein eher negatives Bild von Besitz, Reichtum und Erfolg hat. Reiche Menschen werden oft mit Neid oder Missgunst betrachtet. Man gönnt ihnen ihren

Erfolg oft nicht und behauptet, dass sie ihren Reichtum nicht verdient haben, sondern anderen etwas wegnehmen.

Dies ist jedoch nicht wahr! Denn eigentlich ist genug Geld für alle da. Und außerdem bekämpfen viele reiche Menschen die Armut, indem sie regelmäßig spenden. Einen Grund, warum die Kinder weniger reicher Menschen meist selbst nicht so viel Geld haben, sieht der Autor darin, dass die Kinder unbewusst das Verhalten ihrer Eltern kopieren, die ihrerseits vielleicht nicht ganz ideal gewirtschaftet haben. Die Kinder reicher Menschen hingegen lernen von klein auf, wie man klug wirtschaftet.

Auch in der Schule wird uns kluges Management nicht beigebracht. Das Problem ist, dass die Lehrer selbst relativ wenig Geld haben und zudem oft Vorurteile gegen reiche Menschen haben. Viele von ihnen lehren uns daher, dass arm zu sein irgendwie authentischer ist. Deshalb haben wir alle einen niedrigen „finanziellen Intelligenzquotienten". Wir haben also keine Ahnung von Nebenkostenabrechnungen und Steuererklärungen, wenn wir aus dem Haus unserer Eltern ausziehen. Ganz zu schweigen davon, wie man ein Vermögen aufbaut.

Wenn Sie sich jedoch ein wenig Mühe geben, können Sie eine positivere Einstellung zu Geld entwickeln. Und wenn Sie sich dann noch ein paar finanzielle Grundkenntnisse aneignen, steht dem finanziellen Erfolg praktisch nichts mehr im Wege. Sie müssen sich also vor allem aktiv dafür entscheiden, reich zu werden.

Schauen wir uns also in den nächsten beiden Abschnitten einmal genauer an, was eigentlich die

Denkweise der Reichen ausmacht und welches finanzielle Grundwissen darüber hinaus unverzichtbar ist. Wenn Sie reich werden wollen, brauchen Sie Motivation und Sie müssen Ihr Unterbewusstsein entsprechend programmieren. Kommen wir gleich zur Sache: Was ist die richtige Denkweise, um reich zu werden? Und wie kommen Sie dorthin?

Zunächst einmal brauchen Sie einen guten Grund, reich werden zu wollen. Einfach zu sagen, dass ein bisschen mehr Geld nicht schlecht wäre, reicht an dieser Stelle nicht aus. Der Aufbau eines Vermögens erfordert viel Zeit und Energie. Sie müssen dafür eine Menge opfern.

Am besten suchen Sie sich ein biografisches Ereignis, das Ihnen Energie gibt, Ihr Projekt auch in emotionalen Durststrecken weiter zu verfolgen. Wichtig ist, dass Sie besonders starke Gefühle damit verbinden.

Denken Sie zum Beispiel an Ihre Studentenzeit oder Lehrjahre – gewöhnlich eine Zeit mit relativ wenig Geld. Irgendwann befanden Sie sich bestimmt in einer ähnlichen Zwangslage: Sie hatten nur noch 4,80 Euro auf Ihrem Konto und der Kalendermonat war noch nicht zu Ende. Mit Ihrem letzten Geld kauften Sie eine Tiefkühlpizza, die jedoch verbrannte. Dies wiederum zerstörte Ihren Backofen. Ein absoluter Tiefpunkt in der Biografie und auch mit vielen negativen Emotionen verbunden. Es gab jedoch auch eine gute Sache daran. Sie beschlossen genau in diesem Moment, dass Sie etwas ändern mussten. Und an diese Zwangslage mit all Ihren negativen Gefühlen erinnern Sie sich jedes Mal, wenn Sie ans Aufgeben denken.

Neben dieser biografischen Kraftbetankung müssen Sie auch dafür sorgen, dass Ihr Unterbewusstsein Ihnen keinen Strich durch die Rechnung macht. Aufgrund der negativen Denkweise, die wir bereits im vorherigen Kapitel kennengelernt haben, sind viele Menschen unterbewusst davon überzeugt, dass es falsch ist, reich zu sein. Damit müssen Sie aufhören. Denkweisen und Überzeugungen können geändert werden. Wenn Sie merken, dass Sie unterbewusst Probleme mit Reichtum haben, helfen Ihnen zwei Techniken, sich neu zu programmieren:

Bei der Affirmation sagen Sie sich dreimal am Tag positive Sätze über sich selbst, wie z.B. „Ich arbeite jeden Tag hart an mir, damit ich meine finanziellen Ziele erreiche." Bei der Visualisierung stellen Sie sich Ihren zukünftigen Idealzustand vor und malen ihn sich im Detail aus.

- Was für ein Auto wollen Sie fahren?
- Welche Farbe soll Ihr Haus haben?
- Wie groß wollen Sie Ihren Garten haben?

Für beide Techniken zusammen sollten Sie sich eine Viertelstunde pro Tag Zeit nehmen. Forscher haben außerdem herausgefunden, dass sich Glaubenssätze innerhalb von 30 Tagen ändern können. Im Prinzip können Sie also Ihre Denkweise in nur einem Monat ändern!

Reiche Menschen kommunizieren effektiv und zielgerichtet mit sich selbst und anderen

Hören Sie sich selbst jemals beim Denken zu? Oder lassen Sie Ihre Gedanken einfach machen, was sie wollen? Wenn Sie reich werden wollen, müssen Sie lernen, richtig zu kommunizieren. Mit sich selbst, jedoch auch mit anderen. Wie wir mit uns selbst reden, bestimmt, wie erfolgreich wir sein können.

Jeder redet die ganze Zeit mit sich selbst. Doch auch wenn niemand hört, was Sie den ganzen Tag zu sich selbst sagen, sollten Sie darauf achten, dass es das Richtige ist, was Sie sagen. Stellen Sie sicher, dass Sie sich selbst nicht zu viel Raum für Selbstzweifel und Angst geben. Wenn Sie zum Beispiel einen Bericht über Ihre Traumreise sehen, sagen Sie sich nicht, dass Sie sich das nicht leisten können. Versprechen Sie sich stattdessen: „Wenn ich so weitermache, werde ich es mir bald leisten können!"

Eine weitere nützliche Technik ist das mentale Reframing, das im Grunde nichts anderes ist als die Fähigkeit, in jedem Misserfolg eine Chance zu sehen. Anstatt Ihre Situation grau in grau zu malen, sollten Sie sich das Ganze lieber in einem schönen Licht und mit guter Musik vorstellen. Auf diese Weise kann aus einer negativen Erfahrung eine sprudelnde Quelle der Motivation werden.

Um reich zu werden, müssen Sie jedoch auch in die Welt hinausgehen. Sie müssen Kunden und Partner finden, ein Netzwerk aufbauen. Deshalb müssen Sie sich angewöhnen, mit anderen freundlich und einfühlsam zu kommunizieren.

Hier sind ein paar einfache Regeln:

A.) Helfen Sie anderen Menschen - bevor sie Ihnen helfen. Wenn Sie dabei erfolgreich sind, ist es in Ordnung, selbst Hilfe anzunehmen.

B.) Fragen Sie, fragen Sie und fragen Sie noch einmal. Menschen sind glücklich, wenn Sie sich für sie interessieren. Außerdem können Sie so viel von ihnen lernen.

C.) Pflegen Sie Ihr Netzwerk! Dazu gehören eine Grußkarte zu Weihnachten und zum Geburtstag, regelmäßige Telefonate und aufrichtiges Interesse.

D.) Achten Sie auf eine positive Körpersprache. Wie das Allensbach-Institut herausgefunden hat, machen Gestik und Mimik 55% unserer Kommunikation aus! Also: Brust raus, Schultern zurück und ein freundliches Lächeln.

E.) Seien Sie dankbar und zeigen Sie Dankbarkeit! Auch für kleine Dinge.

Es kommt jedoch nicht nur darauf an, wie Sie kommunizieren, sondern auch mit wem. Halten Sie sich also von Menschen fern, die Ihnen und Ihrem Erfolg im Weg stehen. Lernen Sie stattdessen positive und erfolgreiche Menschen kennen, die Ihnen helfen können, weiterzukommen. Zum Beispiel im Sport oder auf Weiterbildungskursen.

Wer reich werden will, setzt auf passives Einkommen und gibt wenig Geld aus

Wenn Sie abnehmen wollen, müssen Sie weniger Kalorien zu sich nehmen, als Sie täglich sonst essen. Das hört sich natürlich einfacher an, als es ist, ist jedoch im Prinzip genauso einfach. Reich werden lässt sich auf eine ebenso einfache Weise herunterbrechen: Sie müssen Ihr Einkommen maximieren und gleichzeitig Ihre Ausgaben minimieren. Es gibt zwei Möglichkeiten, Geld zu sammeln. Auf eine aktive Art und Weise und auf eine passive Art. Und jetzt aufgepasst: Nur mit passivem Einkommen werden Sie wirklich reich.

Beim aktiven Einkommen arbeiten Sie für einen bestimmten Lohn. Das ist nicht ideal, denn Sie müssen Zeit investieren, die Sie eigentlich für etwas Besseres verwenden könnten. Passives Einkommen hingegen ist Geld, das Sie bekommen, ohne dafür Zeit zu investieren. Das Geld kann z.B. Einkommen aus Vermögenswerten sein, wie Mieteinnahmen oder Dividenden.

Also noch einmal: Nur durch letztere können Sie auch die richtig hohen Summen bekommen. Schließlich ist noch nie jemand reich geworden, indem er 24 Stunden am Tag geschuftet hat. Finanziell erfolgreiche Menschen arbeiten so viel, wie sie wollen und lassen das Geld für sich arbeiten. Ihr Ziel muss es daher sein, das von Ihnen verdiente Geld so zu investieren, dass Ihr passives Einkommen steigt und Sie irgendwann kein aktives Einkommen mehr benötigen. Kommen wir nun zu Ihren Ausgaben. Natürlich sollten Sie diese so gering wie möglich halten. Auch hier gibt es verschiedene Arten von Ausgaben, die Sie unterscheiden müssen:

Variable Kosten sind solche, die nur einmal anfallen, wie z.B. ein Sommerurlaub oder ein neues Rennrad. Wenn Sie ein Vermögen aufbauen wollen, sollten Sie zumindest am Anfang teure Ausgaben und übermäßigen Konsum vermeiden. Auch wenn es Ihnen schwerfällt. Vor allem sollten Sie Ihre Fixkosten so gering wie möglich halten. Kündigen Sie am besten erst einmal Ihre Handy- oder Fitnessstudio-Verträge. Auf diese Weise steht Ihr gesamtes Einkommen für das Projekt Vermögensaufbau zur Verfügung. Und seien Sie vorsichtig: Größere Ausgaben, wie z. B. ein Auto, sollten Sie niemals finanzieren oder auf Kredit kaufen. So tappen Sie garantiert in die Schuldenfalle.

Ganz anders verhält es sich jedoch, wenn Sie einen Kredit aufnehmen, um Ihr passives Einkommen zu erhöhen. Wenn Sie beispielsweise eine Wohnung kaufen und einen Kredit von 1.000 Euro pro Monat tilgen, jedoch 1.500 Euro Miete einnehmen, ist das natürlich ein gutes Geschäft. Wie gesagt, im Prinzip ist es eine einfache Rechnung! Legen Sie Ihr Vermögen in verschiedenen Werten an und schützen Sie es vor Banken, Versicherungen und Steuerbehörden.

Sobald Sie Ihr erstes kleines Vermögen erwirtschaftet haben, sollten Sie sich überlegen, in welche Werte Sie es investieren wollen. Gehen wir sie der Reihe nach durch, denn jede Anlagemöglichkeit hat Vor- und Nachteile. Wertpapiere wie Aktien oder Anleihen haben den Nachteil, dass sie recht zeitaufwendig sein können. Bevor Sie die richtige Kombination von Wertpapieren, d.h. Ihr Portfolio, finden können, müssen Sie den Aktienmarkt gut kennen. Der Vorteil dieser Methode sind die hohen Gewinnchancen. Hohe Gewinnchancen bedeuten jedoch auch ein hohes Risiko. Seien Sie also vorsichtig!

Ähnlich verhält es sich mit dem Investieren in Immobilien. Auch hier müssen Sie ein paar Dinge wissen, um einen Gewinn zu erzielen. Die allgemeine Regel lautet: Kaufen Sie so günstig wie möglich und verkaufen Sie so teuer wie möglich. Mieteinnahmen sind hier ein Plus. Rohstoffe wie Gold und Silber sind sichere Anlagen, die jedoch, während sie in Ihrem Tresor schlummern, auch keine Dividende abwerfen. Sie sollten ein guter Notgroschen für Sie sein. Nicht mehr, jedoch auch nicht weniger.

Was Unternehmensinvestitionen angeht, so gibt es heute vor allem viele junge Start-ups, die Sie kaufen oder in die Sie investieren können. Hierfür sollten Sie sich allerdings in der jeweiligen Branche gut auskennen und betriebswirtschaftlich fit sein.

Eine weitere Möglichkeit ist, in andere Vermögenswerte wie Kunstwerke, Oldtimer oder Briefmarken zu investieren. Das macht durchaus Sinn, denn Sie sollten Ihr Geld immer in etwas stecken, das Ihnen gefällt und das Sie inspiriert. Sie sollten Ihre Investitionen immer nach ihrem Cashflow - also dem passiven Einkommen - bewerten. Sobald Sie ein gewisses Vermögen aufgebaut haben, ist es wichtig, es vor Banken, Versicherungen und Steuerbehörden zu schützen.

Wenn es um Banken geht, lautet die goldene Regel, dass die Bank am Ende immer gewinnt. Die gigantischen

Bankentürme, die sich in Frankfurt, der City of London und New York erheben, sind auf Ihrem Geld gebaut. Deshalb müssen Sie verstehen, dass die Bank kein Freund ist. Alles, was sie von Ihnen will, ist, Geld an Ihnen zu verdienen.

Versicherungsgesellschaften sind ein notwendiges Übel.

Versicherungen, wie Kranken- Lebens- oder KFZ-Versicherungen sind sinnvoll und wichtig, jedoch zahlen die meisten von uns mehr ein, als wir an Leistungen herausbekommen. Das Finanzamt ist ein ebensolches notwendiges, dennoch das geringste Übel. Immerhin bezahlen Sie mit Ihren Steuern die Schulen für Ihre Kinder, mautfreie Autobahnen und eine Polizei, die Ihnen im Notfall zur Seite steht. Trotzdem müssen Sie aufpassen, dass Sie dem Finanzamt kein Geld in den Rachen werfen. Lassen Sie uns einen genaueren Blick darauf werfen, wie Sie dies verhindern können. Mit etwas grundlegendem Steuerverständnis kann man viel Geld sparen.

In Zeitungen und Magazinen liest man oft von illegaler „Steuerschmuggelei" in irgendwelchen „Steuerparadiesen". Die Plattitüden von neidischen Journalisten, die wenig Ahnung vom Steuerrecht haben, erzeugen jedoch ein falsches Bild. Viele reiche Menschen sind oft einfach besser informiert und wissen, wie sie legal Steuern sparen können. Die erste Steuererklärung ist kompliziert, keine Frage. Wer hier sparen will, sollte auf jeden Fall die wichtigsten Grundbegriffe kennen.

Die Einkommensteuer ist die Steuer, die auf Ihr Einkommen als Privatperson fällig wird. Sie sollten auch wissen, dass es eine beschränkte und eine unbeschränkte Steuerpflicht gibt. Wenn Sie z.B. in Deutschland leben und arbeiten, sind Sie dort automatisch unbeschränkt steuerpflichtig. Die beschränkte Pflicht gilt, wenn Sie beispielsweise in den USA leben, jedoch in Deutschland Geld verdienen. Damit Sie nicht 50% in den USA und 50% in Deutschland zahlen, haben beide Länder ein Abkommen. Dieses regelt, welches Land wie viel von Ihrem Geld bekommt.

Die Bemessungsgrundlage ist der Betrag, auf den Sie letztendlich Ihre Steuern zahlen. Sie ist die Differenz zwischen Ihrem Einkommen und den abzugsfähigen Ausgaben, d.h. den Ausgaben, die Sie von Ihren Steuern abziehen können. Um sie niedrig zu halten und um den Betrag, den Sie an das Finanzamt überweisen müssen, zu minimieren, sollten Sie so viel wie möglich abziehen. Welche Ihrer Ausgaben abzugsfähig sind, klären Sie am besten mit Ihrem Steuerberater.

Besitzer von Wertpapieren zahlen auf diese eine sogenannte Abgeltungssteuer. Betrachten Sie diese als Ihren Freund. Dank ihr zahlen Sie nur maximal 25% auf Ihr Einkommen aus Wertpapieren. Es spielt also keine Rolle, ob Sie 500 Euro oder 500 Millionen Euro mit Wertpapieren verdienen, Sie zahlen nie mehr als 25% Steuern. Die Abgeltungssteuer ist also ein weiterer Grund, warum Sie passives Einkommen dem aktiven Einkommen vorziehen sollten. Wie Sie sehen, sparen Sie mit dieser Methode nicht nur Zeit, sondern auch Steuern.

Kommen wir nun zum Sparerfreibetrag. Dieser sorgt dafür, dass 801 Euro der Bemessungsgrundlage aus Kapitaleinkünften automatisch abgezogen werden. Bei Ehepaaren ist der Betrag doppelt so hoch. Das bedeutet, dass Sie idealerweise verheiratet sind und einen möglichst großen Teil Ihrer Einkünfte aus Kapitalerträgen beziehen sollten.

Das ist natürlich bei weitem nicht alles. Ein sachkundiger Steuerberater ist daher in jedem Fall zu empfehlen. Sie sollten sich jedoch auch selbst so genau wie möglich informieren. Denn Sie können eine Menge Geld bei den Steuern sparen.

Die richtige Budgetierung ist die Grundlage für jedes Vermögen

Wenn Sie den Überblick über Ihre Einnahmen und Ausgaben behalten wollen und auch sicherstellen wollen, dass Sie immer genug Geld in die Bereiche investieren, die Ihnen wichtig sind, müssen Sie unbedingt ein Budget erstellen! Schauen wir uns einmal genauer an, wie das funktioniert.

Das sogenannte „Jar-System" ist ein tolles System, um besser zu budgetieren. Es ist einfach zu verstehen und dennoch effizient. Bei diesem System teilen Sie Ihr Einkommen in verschiedene Behälter - Jars - auf. Sie brauchen dafür nicht einmal verschiedene Bankkonten, es reicht, wenn Sie es mit Stift und Papier oder in einer Excel-Tabelle aufschreiben. Das Prinzip geht so: Jedem Euro, den Sie netto verdienen, ob aus aktivem oder passivem

Einkommen, weisen Sie eine Aufgabe zu. Dies tun Sie, indem Sie ihn auf ein bestimmtes Konto einzahlen. Es gibt sechs verschiedene Konten.

Das erste Konto ist für das Nötigste. Dazu gehören Lebensmittel, Miete und Versicherungen, jedoch natürlich keine Haushaltshilfe oder ein neuer Fernseher. Auf dieses Konto zahlen Sie 55% Ihres Einkommens ein. In den Langzeit-Spar-Container legen Sie 10% Ihres Einkommens, für das Sie im Voraus genau festlegen, wofür Sie es eines Tages ausgeben wollen.

10% gehen in die Bildung. Damit können Sie sich Bücher oder Seminare leisten, die Ihnen helfen, weiterzukommen. Außerdem zahlen Sie 10% Ihres Geldes auf das Passive Income Account ein. Dieses Konto ist für Investitionen gedacht, die Ihr passives Einkommen erhöhen, d.h. Ihnen mehr Einnahmen als Ausgaben bringen. Dies ist das wichtigste Konto!

Der Spaß sollte jedoch auch nicht vernachlässigt werden. Hier gilt die Regel, dass das Konto jeden Monat komplett geleert werden muss. So vergessen Sie auch den Spaß am Leben nicht. Auch dieses Konto erhält 10%. Anderen Menschen zu helfen ist wichtig und entwickelt Ihre Persönlichkeit. Zahlen Sie deshalb 5% Ihres monatlichen Einkommens auf ein Spendenkonto ein.

Es ist wichtig, dass Sie regelmäßig und ordentlich über alle Ausgaben und Einnahmen Buch führen und alle Konten auf dem neuesten Stand halten. Disziplin ist der Schlüssel zu einer guten Budgetierung.

Sie können auch die Prozentsätze der einzelnen Behälter an Ihre Bedürfnisse anpassen. Allerdings sollten Sie nur Prozentsätze vom Konto für Notwendigkeiten wegnehmen, um sie anderen Konten hinzuzufügen. Wenn Sie zum Beispiel nur 40 % Ihres Einkommens für Notwendigkeiten benötigen, ist das großartig! In diesem Fall können Sie sich überlegen, wie Sie die restlichen 15% auf die anderen Konten verteilen.

Um die nötige Disziplin aufrechtzuerhalten, kann es Ihnen auch helfen, Ihre Kreditkarte loszuwerden. Schließlich ist es bei Barzahlung einfacher, den Überblick zu behalten. Unternehmer lösen Probleme und müssen sich nicht schuldig fühlen. Im letzten Abschnitt haben wir uns eine weitere Möglichkeit angesehen, Ihr Vermögen zu vermehren: die Gründung eines Unternehmens. Wie jedoch gründen Sie ein erfolgreiches Unternehmen?

Der Schlüssel zu einem profitablen Geschäft ist die Lösung von Problemen. Denn jedes Geschäft löst ein Problem. Definieren Sie daher zunächst Ihre Zielgruppe und beantworten Sie die Frage, wer eigentlich das Problem hat, das Sie lösen möchten. Außerdem sollten Sie sich fragen, ob Ihr Problem nicht mit einem Rattenschwanz ähnlicher Probleme verbunden ist. Hat Ihre Zielgruppe vielleicht noch größere Probleme?

Überlegen Sie dann, wie Sie die Probleme lösen können und bestimmen Sie, wie viel Sie für Ihre Problemlösung verlangen können. Erstellen Sie dann einen Aktionsplan: Welche Schritte müssen Sie unternehmen, um zu Ihrem ersten Umsatz zu kommen?

Als Unternehmer warten natürlich Probleme auf Sie. Leider sind viele von ihnen sozialer Natur. Denn Unternehmer werden, genau wie alle anderen reichen Menschen, manchmal recht skeptisch betrachtet. Für Ihren Tatendrang und Reichtum müssen Sie sich aber nicht schämen!

Leider gibt es in unserer Gesellschaft einen Glaubenskrieg zwischen Arm und Reich. Viele gehen davon aus, dass die Reichen den Armen etwas wegnehmen. Dies ist jedoch nicht wahr! Geld ist immer in Bewegung, ist ständig im Umlauf. Daher nimmt niemand jemandem etwas weg. Tatsache ist: Es ist genug für alle da!

Trotzdem wachsen unsere Kinder immer noch mit Geschichten wie der von Robin Hood auf, die unterschwellig vermitteln, dass Reichtum böse ist und dass man das Geld besser für die Armen ausgeben sollte. Geld macht Sie jedoch nicht zu einem schlechten Menschen. Es bringt lediglich Ihren Charakter zum Vorschein. Gierige Menschen werden mit mehr Geld nur noch gieriger. Großzügige Menschen hingegen werden noch großzügiger. Wenn Sie es schaffen, sich von solchen negativen Vorurteilen zu befreien und Sie sich dazu entschließen, mit der richtigen Einstellung und grundlegendem Wissen an Ihrem Reichtum zu arbeiten, steht Ihrem Reichtum nichts mehr im Wege.

QR CODE SCANNEN UND HÖRBUCH GRATIS ERHALTEN!

Lieber Leserinnen und Leser,

wir freuen uns, dass Sie sich für unser Buch entschieden haben. Als Dankeschön haben wir gemeinsam mit Audible ein Geschenk für Sie ausgearbeitet und können Ihnen unser Buch auch als kostenfreies Hörbuch anbieten. Halten Sie Ihre Handykamera einfach auf den QR Code und kommen Sie so zu dem Gratis-Download:

QR Code mit Handykamera scannen

*Nur für Audible Neukunden gültig.

Haftungsausschluss

Dieses Buch enthält Meinungen und Ideen des Autors / der Autorin und hat die Absicht, Menschen hilfreiches und informatives Wissen zu vermitteln. Die enthaltenen Strategien passen möglicherweise nicht zu jedem Leser, und es gibt keine Garantie dafür, dass sie auch wirklich bei jedem funktionieren. Die Benutzung dieses Buchs und die Umsetzung der darin enthaltenden Informationen erfolgt ausdrücklich auf eigenes Risiko. Haftungsansprüche gegen den Autor für Schäden materieller oder ideeller Art, die durch die Nutzung oder Nichtnutzung der Informationen bzw. durch die Nutzung fehlerhafter und/oder unvollständiger Informationen verursacht wurden, sind ausdrücklich ausgeschlossen. Das Werk, inklusive aller Inhalte, gewährt keine Garantie oder Gewähr für Aktualität, Korrektheit, Vollständigkeit und Qualität der bereitgestellten Informationen. Druckfehler und Fehlinformationen können nicht vollständig ausgeschlossen werden.

Impressum:
Ataro Kitap Yayıncısı, İsmet Kaptan, Gazi Blv.
No:116, 35210 Konak/İzmir, Turkey,
atarokitap.izmir@gmail.com

Printed by Amazon Italia Logistica S.r.l.
Torrazza Piemonte (TO), Italy

25556693R00064